第一輯 第4冊 新刻出像增補搜神記大全 正編 第3種

（新編）新刻出像增補搜神記大全目錄

（原）卷二目錄……一四七

（原）卷四目錄……二一七

（原）卷六目錄

刻出像增補搜神記大全

金陵唐氏富春堂梓

引搜神記首

神何昉乎百物之精乎法施民勞定國以勤事禦菑捍患及山林川谷丘陵云雲為風雨見怪物皆曰神其氣發揚于上為昭明焄蒿悽愴祭法有天下者祭百神重之也

昔新蔡干常侍著搜神記三十卷劉惔見謂曰鬼之董狐夫干晉人也迄今日千百年于斯善本已就圮雖閩刻間有之而存什一于千伯不免貽漏萬之譏雀不肖走衣食嘗遡燕關探鄒魯遊齊梁下吳

楚甌越之區中閒霧瘴神界磅礴谽谺靡不領畧而悉數之嵗萬曆紀元之癸巳表止陪京為披閱書記得搜神記于三山富春堂讀之見其列呂卷別以類且繪呂像贊之不肖前日所周覽者而一墨盡

不襲于舊、能得于意、發于未明、增于所未備、卓哉神也、要在造民福而拱翼我

皇圖于億萬斯永者、不肖媿非劉君、能無董狐之賞、于心耶、嗟 又 幽明一也、神唯靈而後傳、紀、記傳而神

之靈益傳世世有峩大冠拖長紳呼呵擁衛既自赫然稱神矣迺復身世與草木同朽腐而令史冊闃無聞述可乎

登之甫羅懋登書

新刻出像增補搜神記卷之一

金陵三山對溪唐富春校梓

目録

儒氏源流

儒氏源流

九月十五日聖誕

至聖文宣王魯曲阜昌平鄉闕里其先宋人也先聖曾大父曰孔防叔避宋華督之難徙居於魯生伯夏伯夏生叔梁紇長子曰孟皮字伯尼有疾不任繼嗣次子則先聖是也魯襄公二十一年冬十月庚子日先聖生是夕有二龍繞室五老降庭五老者五星之精也母顏氏房聞奏鈞天之樂空中有聲云天感生聖子故降以和樂笙鏞之音生而首上項項故因名丘字仲尼幼而喪父葬於防山先聖身長九尺二寸腰大十圍凡四十九表反首注

面月角日準坐如龍蹲立如鳳峙望之如仆就之如昴耳垂珠庭龜脊龍形虎掌胼脇參膺河目海口山臍林背翼臂斗脣注頭龜臯腴堤眉地足谷竅雷聲澤腹昌顏均順輔似驤齒眉有一十二彩目有六十四理其頭似堯其顙似舜其項類臯陶其肩類子產自腰以下不及禹三寸有大聖之德學極天人道窮秘奧龜龍御圖之書七政五緯之事包犧皇帝之態堯舜周公之美魯定公以戈聖為中都宰一年四方諸侯皆則焉九年始為邑宰十年為司空十一年為大司寇攝行相事十四年誅魯大夫乱政者少正卯與聞國政三月粥豚

羔者弗飾賈男女行者别於塗塗不拾遺四方之客至乎邑者不求有司皆予之以歸去魯十四年魯哀公十一年先聖自衛反魯刪詩書定禮樂成六藝晚而喜易讀之窮天地之奧為彖象文言繫辭以發其秘告弟子於洙南泗北門徒三千傳徒六萬達者七十二人昔先聖未生時有麟吐玉書於闕里其文曰水精之子係周衰而素王顏氏異之以繡紱繫麟角經宿而麟去至哀公十四年西狩大野叔孫氏車子鉏商獲獸以為不祥先聖視之曰麟也胡為來哉反袂拭面泣涕沾衿叔孫聞之然后取之而繫角之紱尚存先聖曰吾道窮矣

乃因魯史而作春秋又加褒貶而修中興之告麟
見而天告先聖之亡徵也先聖病憂在兩楹之間
子貢請見曰予方負杖逍遥於門曰賜汝何來晚
也先聖因嘆曰太山頹乎梁木壞乎哲人萎乎因
以涕下子貢曰天下無道久矣莫能宗予后七日
沒年七十三至魯哀公十六年夏四月己丑塟於
魯城北哀公十一年立廟於舊宅守陵廟百户弟
子皆服心喪三年畢相訣而去則哭各盡哀或後
留唯子貢廬於冢側六年然后去弟子於廟藏先
聖衣冠琴瑟車書弟子及魯人往從冢而家百有
餘室因命曰孔氏魯世世相傳歲時奉祀於冢子

孫世襲不絕

聖朝崇奉追封尊號

大成至聖文宣王　　聖室鄆國夫人

聖父封齊國公　　聖母封魯國太夫人

釋氏源流

釋氏源流

四月初八日 聖誕

釋迦牟尼佛姓刹利父凈飯天母清淨妙位登補處生兜率天上名曰勝善天人亦名護明大士度諸天衆說補處行亦於十方界中現身說法普耀經云佛初生刹利王家放大智光明照十方世界地湧金蓮華自然捧雙足東西及南北各行於七步分手指天地作獅子吼聲上下及四維無能尊我者即周昭王二十四年甲寅歲四月八日也至四十二年三月八日年十九歲欲求出家而自念言當復何遇即於四門遊觀見四等事心有悲喜而

作思惟此老病死終可厭離於是夜子時有一天人名曰淨居於牕牖中叉手白太子言出家時至可去矣太子聞之心歡喜即逾城而去於檀特山中修道始於阿藍迦藍處三年學不用處定知其非便捨去復至鬱頭藍佛處學三年不用處定知其非亦捨去又至象頭山同諸外道日食麻麥經於六年故經云以無心意無授行而悉摧伏諸外道先歷試邪法示諸方便發諸異見令至菩提故普集經云菩薩於二月八日明星出時成佛號天人師時年三十矣即穆王三年癸未歲也既而於鹿野苑中為憍陳如等五人轉四諦法輪而論道

果說法住世四十九年後告弟子摩訶迦葉吾之
清淨法眼涅槃妙心實相無相微妙正法將付於
汝汝當護持幷勅阿難副貳傳化無令斷絕而說
偈言

法本法無法　無法法亦法　今付無法時
法法何曾法

爾時世尊說此偈已復告摩訶迦葉吾將金縷僧
伽黎衣傳付於汝轉授補處至慈世佛出世勿令
朽壞摩訶迦葉聞偈頭面禮足曰善哉善哉我當
依勅恭順佛故爾時世尊至拘尸那城告諸大衆
吾今背痛欲入涅槃即往熈連河側娑羅雙樹下

右脇累足泊然宴寂復從棺起為母說法特示雙
足化婆耆并說無常偈曰

諸行無當　是生滅法　生滅滅已
寂滅為樂

時諸弟子即以香薪競荼毗之燼後金棺如故爾
時大衆即於佛前以偈讚曰

凡俗諸猛熾　何能致火爇　請尊三昧火
闍維金色身

爾時金棺從坐而舉高七多羅樹往反空中化火
三昧須臾灰生得舍利八斛四斗即穆王五十二
年壬辰歲二月十五日也自世尊滅後一千一十

七年教至中夏即後漢明帝夜夢金人身長大項有日月光以問群臣或曰西方有神其名曰佛陛下所夢得無是乎於是遣使到天竺問其道得其書及沙門以來沙門云佛長一丈六尺黃金色項中佩日月光變化無大無所不通故能通萬物而大濟群生云

道教源流

道教源流

肓十青聖生

金闕玄元太上老君聖紀按洞玄靈寶元始上帝貞教九符經道君造皇帝曰昔天地未分陰陽未判濛洪杳冥濵涬大梵廖廓無光結聖自然中有百千萬重正氣而化生妙無聖君歷尊號曰妙無上帝自然元始天尊一號天寶丈人經九億九萬九千九百九十億萬刼次結百千萬重真氣而化生妙有聖君自稱妙有大帝虛無玉晨大道君一號靈寶丈人經八億八千八百八十億刼次結百千萬道氣化生混沌聖君紀號至真大帝萬變混沌

玄元老君一號神寶丈人又按老君聖紀經太上
老君居太清境乃元氣之祖宗天地之根本於至
寂至虛之內太初太始之先惟數御運布氣融精
開化天地所歷成壞三儀不可量計其化身周遍
塵沙世界亦非筭數紀極開闢之後觀世代之澆
流隨時立教代為帝師達立法度或流九天或傳
四海自三皇而上歷代帝王咸宗奉焉是知天上
天下道氣之內皆老君之化也垂億萬之法無不
濟度蓋百姓日用而不知也老子曰吾乃生乎無
形之先起於太初之前行乎太素之元立於太渺
之端浮游幽虛之中出入杳冥之門故葛玄序道

德經云老子躰自然而然生乎太無之先起乎無
因經歷天地始終不可稱載又云世人謂老子降
於殷代老子之號始於無數刼甚杳杳冥冥渺邈
久遠矣開闢已前復下為帝師代代不絶人莫能
知之按老子傳記自開闢之前下至殷湯代代為
王者師皆化身降世當殷湯四十七年庚申始示
誕生之跡自太清常道境乘太陽日精化五色玄
黃大如彈丸時玉女晝寢流入口中吞之有孕懷
八十一歲至武丁九年庚辰剖玉女左腋而生生
而色白號曰老子生於李樹之下指樹曰此吾姓
也名耳字伯陽自殷武丁九年庚辰下至秦昭王

九年丙昇崑崙計九百九十六年矣

按李石續博物志云唐高祖武德三年晉州人吉善行於羊角山見白衣父老呼善行曰爲吾語唐天子吾爲老君即汝祖也高祖因立廟高宗追尊玄元皇帝明皇註道德真經令學者約之兩京及諸州各置玄元皇帝廟京師號玄元宮諸州號紫極宮尋改西京爲大淸宮東京爲太微宮皆置學生

尊號曰

大聖祖高上大道金闕玄元天皇大帝

宋國朝會要曰宋真宗太平祥符六年八月十一日

制謹奉上

尊號曰
太上老君混元上德皇帝
聖母尊號
唐武后光宅三年九月甲寅追尊
聖母曰先天太后
祖殿在亳州太清宮是也

玉皇上帝

玉皇上帝　正月初九日聖誕

按聖紀所載云往昔去世有國名號光嚴妙樂其國王者名曰淨德時王有后名寶月光王乃無嗣嘗因一日作是思惟我今將老而無太子身或崩滅社稷九廟委付何人作是念已即便勅下詔諸道衆於諸宮殿依諸科教懸諸旛蓋清淨嚴潔廣陳供養六時行道偏禱真聖已經半載不退初心忽夜寶月光皇后夢太上道君與諸至真金姿玉質清淨之儔駕五色龍輿擁不景旌蔭明霞盡是時太上道君安坐龍輿抱一嬰兒身諸毛孔放百億

光照諸宮殿作百寶色幢節前導浮空而來是時
皇后心生歡喜恭敬接禮長跪導前白道君言今
王無嗣願乞此子為社稷主伏願慈悲哀愍聽許
爾時道君答皇后言願特賜汝是時皇后禮謝道
君而乃收之皇后收已便從憂歸覺而有孕懷一
年於丙午歲正月九日午時誕於王宮當生之時
身寶光穆充滿王國色相炳好觀者無厭幼而敏
慧長而願善於其國中所有庫藏一切財寶盡皆
散施窮乏困苦鰥寡孤獨無所依怙飢饉癃殘一
切衆生亡愛和遜敬謹有道化及遐方天下仰從
歸仁太子父王加慶當爾之后王忽告崩太子嗣

咬俯金浮生告勅大臣嗣位有道遂捨其國於普
明秀岩山中修道功成超度過是劫已歷八百劫
身常捨其國爲群生故割愛學道於此後經八百
劫行藥治病拯救衆生令其安樂此劫盡已又歷
八百劫廣行方便啟諸道藏演說靈章恢宣正化
敷揚神功助國救人自幽及顯過此已後再歷八
百劫亡身殞命行忍辱故捨已血肉如是修行三
千二百劫始證金僊號曰清淨自然覺王如來
宋真宗實録曰大中祥符七年九月上對侍臣曰
自元符之降朕欲與天下臣庶同上玉皇聖號至
天禧元年正月辛丑朔帝詣大初殿恭上玉皇大

天帝聖號曰
太上開天執符御曆含真体道玉皇大天帝
聖祖尊號
御製靈遇記曰景德初王中正遇司命真君傳藥金法上之四年十一月降劉承規之真舍五年始奉
上徽號曰
九天司命天尊宋真宗實錄曰大中祥符五年十月十七日上夢景德四年先降神人傳玉皇命云今汝祖趙有名此月二十四日降如庚真元事至日
天尊降延恩殿閏十月已巳加號

聖祖上靈高道九天司命保生天尊

聖母尊號

國朝會要曰天禧元年三月六日冊上聖母尊號曰元天大聖后

先是大中祥符五年制加上聖祖母號俟兗州太極觀成擇日奉上至是詔王旦等行冊禮

后土神祇

后土皇地祇

三月十八日聖生

天地未分混而為一二儀既判陰陽定位故清氣騰而為陽天濁氣降而為陰地為陽天者五太相傳立天定位上施日月參著玄象為陰地者五行相乘五氣凝結負載江海山林屋宇故曰天陽地陰天公地母也世界曰后土者乃天地初判黄土也故謂土母正廟在分陰宋真宗朝大中祥符三年七月二十三日詔封后土皇地祇其年駕幸華陰親祀之今揚州蕃釐觀后土祠也殿前瓊花一株香色柯葉絶異非世之常品

東華帝君

東華帝君

東華帝君絕習在道氣凝寂湛體無為將欲啟迪玄功生化萬物先以東華至真之氣化而生木公於碧海之上蒼靈之墟以主陽和之氣理於東方亦號王公焉與金母皆挺質太元毓神玄奧於東方溟涬之中分大道醇精之氣而成形與王母共理二氣而育養天地陶鈞萬物凡天上天下三界十方男子之登仙得道者悉所掌焉居方諸之上校塵外記方諸山在東海之內其諸司命三十五所以隸天上人間罪福帝君為大司命總統之山有

東華臺帝君常以丁卯日登臺四望學道之人仙有九品一曰九天真王二曰三天真皇三曰太上真人四曰飛天真人五曰靈仙六曰真人七曰靈人八曰飛仙九曰仙人凡此品次昇天之時先拜木公后謁金母受事既訖方得昇九天入三清拜太上而覲元始故漢初有四五小兒戲於路中一兒詩曰著青裙上天門揖金母拜木公時人皆莫之知唯子房往拜焉曰此東王公之玉童也昔元始告十方天人曰吾自追言混沌化生二儀役御陰陽始封皇上元君與東華扶桑大帝等校量水火定平劫數中皇元年太上於玉清瓊房金闕上

宮授帝寶經花圖玉訣使傳後學玉名合真之人故玄綱云東華不秘於真訣是也紫府者帝君校功行之所夫海內有三島而十洲列其中上島三洲謂蓬萊方丈瀛洲也中島三洲謂芙蓉閬苑瑤池也下島三洲謂赤城玄關桃源也三島九洲間峙混一之中又有洲曰紫府踞三島之間乃帝君之別理遷轉靈官職位較量群仙功行自地仙而至神仙神仙而至天仙天仙而轉真聖入虛無洞天凡三遷也皆帝君主之釋之名也東華者以帝君東華至真之氣化而生也分治東極居東華之上也紫府者職居紫府統三十五司命遷轉靈官

軟品真仙也陽者主東方少陽九氣生化万彙之帝君者位東方諸天之尊君牧衆聖為生物之王易曰帝出乎震是也故曰東華紫府少陽帝君又真教元符經云昔二仪未分溟滓濛洪如鷄子玄黃之中也自然有盤古真人移古就今是曰盤古乃是天地之精自號元始天王游行虛空之中又有太元聖母化生天脊腺中經一刼天王行施聖母遂生天皇號上皇元年始世主萬六千歲受元始上帝符命為東宮大帝扶桑大君東皇公號曰元陽父考之仙經或號東王公或號青童君或號方諸君或號青提君名號雖殊即一東華也

聖朝至元六年正月日上尊號曰

東華紫府少陽帝君

西王母

西王母

七月十八日生

西王母者乃九靈大妙龜山金母也號太虛九光龜臺金母焉吾乃西華之至妙洞陰之極尊在昔道氣凝寂湛體無為將欲贊助玄功生化萬物先以東華至真之氣化而生木公焉木公生於碧海之上蒼靈之墟以主陽和之氣理於東方亦號曰東王公焉又以西華至妙之氣化而生金母焉金母生神於伊川厥姓緱氏生而飛翔以主元毓玄奧於眇莽之中分大道醇精之氣結而成形與東王公共理二氣而養育天地陶鈞萬物矣柔順之本

為極陰之元位配西方母養群品天上天下三界十方女子之登仙得道咸所隸焉所居崑崙之圃閬風之苑玉樓玄臺九層左帶瑤池右環翠水女五華林媚蘭青娥瑤姬玉卮周穆王三十五年命八駿使西巡狩至崑崙賓謁祠見之持白璧重錦以為王母壽焉時王母以瑤池珎饗紫府瓊漿九天仙藥於穆王燕於瑤池七月七日降漢武帝殿母進蟠桃七枚於帝自食其二帝欲留核母曰此桃非世間所有三千年一實忽東方朔於牖間窺之母指之曰此兒已三偷吾桃矣是日命侍女董雙成吹雲和之笛王子登彈八琅之璈許飛瓊鼓

靈虛之簧安法與歌去　　以為武帝壽焉

東王公

相傳東王公與玉女投壺梟而脫誤不接者天為之笑開口流光今電是也

上元一品

上元一品大帝

正月十五日聖生

上元一品九氣天宫紫薇大帝即延生之符始陽之氣結成至真處玄都元陽七寶紫微上宫總主上宫諸天帝王上聖高真叅羅萬象星君每至正月十五日上元月日天官考籍大千世界之內十方国土之中上至諸大神仙升臨之籍星宿照臨土分野之薄中至人品考限之期下至魚龍变化飛走潛動生化之期並俟天官集聖之日録[illegible]分别随業改形随福受報随刼轉輪随業生死善悪随緣無復差别

中元二品大帝

中元二品大帝

七月十五日聖

中元二品七氣地官清虛大帝九土無極世界洞空清虛之宮總主五岳帝君并二十四治山九地土皇四維八極神每至七月十五日中元月日地官考籍大千世界之內十方國土之中上至諸大神仙升臨之籍星宿照臨國土分野之簿中至人品考限之期下至魚龍变化飛走潛動生化之期乘俟地官集聖之日錄奏分別隨業改形隨福受報隨刼轉輪隨業生死善惡隨緣無復差別

下元三品大帝

下元三品大帝

下元三品五氣水官洞陰大帝洞元風澤之炁晨浩之精金靈長樂之宮總主九江水帝四瀆神君十二溪真三河四海神君每至十月十五日下元月日水官考籍大千世界之內十方國土之中上至諸天神仙升臨之籍星宿照臨國土分野之薄中至人品考限之期下至魚龍变化飛走潛動生化之期並俟水官集聖之日録奏分别随生改形随福受報随刼轉輪随業生死善悪随緣無復差别宜悉知之

東嶽

東嶽

三月廿八日生

泰山者乃群山之祖五嶽之宗天地之神神靈之府也在兖州奉符縣今太安州是也以梁父山為儲副東方朔神異經曰昔盤古氏五世之苗裔曰赫天氏赫天氏曰胥勃氏胥勃氏曰玄英氏玄英氏子曰金輪王金輪王弟曰少海氏少海氏妻曰彌輪仙女也彌輪仙女夜夢吞二日覺而有娠生二子長曰金蟬氏次曰金虹氏金虹氏者即東嶽帝君也金蟬氏即東華帝君也金虹氏有功在長白山中至伏羲氏封為太歲為太華真人掌天仙六

籍遂以歲為姓諱崇其句歲者乃五岳之前無上
天尊所都之地今之奉高是也其后乃水十天尊
之女也至神農朝賜天符都官號名府君至漢明
帝封太山元帥掌人世居民貴賤高下之分祿料
長短之事十八地獄六案簿籍七十五司生死之
期聖帝自堯舜禹湯周秦漢魏之世只有天都府
君之較按唐會要曰武后垂拱二年七月初一日
封東岳為神岳天中王武后萬歲通天元年四月
初一日尊為天齊君玄宗開元十三年加封天齊
王宋真宗大中祥符元年十月十五日詔封
東岳天齊仁聖王至祥符四年五月日尊為帝號

東岳天齊仁聖帝

淑明皇后

聖朝加封大生二字餘封如故

帝五子

宣靈侯

惠靈侯　　和惠夫人

至聖炳靈王　　永泰夫人

居仁盡醫尊師

佑靈侯　　淑惠夫人

帝一女

玉女大仙即岱岳太平頂玉女娘娘是也

南嶽

南嶽

南嶽衡山衡州衡山縣是也以霍山為儲副東方朔
神異經云
姓崇諱覃南嶽主於世界星辰分野之地兼鱗甲
水族龍魚之事大中祥符四年五月二十五日追
尊帝號
司天昭聖帝
景明皇后
聖朝加封大化二字餘封如故

西嶽

西嶽

西嶽華山在華州華陰縣是也以太白山為儲副東方朔神異經云神姓善諱壟西岳者主管世界金銀銅鉄五金之屬陶鑄坑冶兼羽毛飛鳥之事大中祥符四年五月日追尊帝號

金天順聖帝

肅明皇后

聖朝加封大利二字餘封如故

北嶽

北嶽

北嶽恒山在定州曲陽縣是也以嵱峒山為儲副東方朔神異經云神姓晨諱咢西嶽者主於世界江河淮濟兼虎豹走獸之類蛇虺昆虫等屬大中祥符四年五月日追尊帝號

安天玄聖帝

靜明皇后

聖朝加封大貞二字餘封如故

丁嶽

中嶽

中嶽嵩山在西京河南府登封縣是也以少室山為儲副東方朔神異經云神姓惲諱善中岳者主於世界地澤川谷溝渠山林樹木之屬大中祥符四年五月日追尊帝號

中天崇聖帝

正明皇后

聖朝加封大寧二字餘封如故

四瀆神

四瀆神

江瀆神卽楚屈原大夫也唐始封二字公宋加四字公

本朝加封四字王號　廣源順濟王

河瀆神卽漢陳平也唐始封二字公宋加四字公

本朝加封四字王號　靈源弘濟王

淮瀆神卽唐裴度也唐始封二字公宋加四字公

本朝加封四字王號　長源候濟王

濟瀆神卽楚伍作大夫也唐始封一字公宋加四字公

本朝加封四字王號　清源溥濟王

五方之神

五方之神

武王伐紂都洛邑天大雨雪甲子朔五神車騎止王門之外欲謁武王王曰諸神各有名乎師尚父曰南海神名祝融北海神名玄冥東海神名勾芒西海神名蓐收河伯名馮修使謁者以名召之神皆驚而見武王王曰何以教之神曰天伐殷立周謹来受命各奉其使武王曰予歲時無廢禮焉按傳共工氏子曰龍主社爲后土神少昊子曰重主木爲勾芒神顓頊子黎主火爲祝融神少昊第二子該主金爲蓐收神少昊第三子熙主水爲玄冥神

太乙

太乙

天神也按漢書劉向校書天禄閣有老人着黄衣植青藜而進見向在暗中遂出杖端火照向讀書向問其姓名答曰我太乙之精

肩吾
燭陰

肩吾

按山海經崑崙之丘是實惟帝之下都神陸吾司之其神人面虎身虎爪九尾司天之九部及帝之囿時莊子所謂肩吾得之以處太山是也

燭陰

海外鍾山之神名曰燭陰即燭龍也其神視為晝瞑為夜吹為冬呼為夏不飲不食不息氣息為風身長千里人面蛇身一足赤色在無脊之國

雷神

雷神　六月廿四日生

廟在雷州之西南八里昔鄉人嘗造雷鼓雷車置廟中有以魚彘肉同食者立為霆震舊記云陳太建初州民陳氏者因獵獲一卵圍及尺余携歸家忽一日霹靂而開生一子有文在手曰雷州后養成名文玉鄉俗呼為雷種后為本州刺史歿而有靈鄉人廟祀之陰雨則有電光吼声自廟而出宋元累封王爵廟號顯震德祐中更名威化國史補雷州春夏多雷秋日則伏地中其狀如彘人取而食之又雅州瓦屋山有雷洞投以瓦石應手雷震

雷神
風伯
雨師

電神

相傳東王公與玉女投壺，梟而脫誤不接者，天為之笑，開口流光，今之閃電是也

風伯

飛廉是也。應劭曰：飛廉神禽，能致風氣，身似鹿，頭似爵，有角，尾似蛇，大如豹

雨師

商羊是也。商羊神鳥，一足，能大能小，吸則溟渤可枯

搜神記卷之一終

新刻出像增補搜神記卷之二

金陵三山對溪唐富春校梓

目録

玄天上帝

玄天上帝

三月初三日生

按混洞赤文所載玄帝乃元始化身太極別躰上三皇時下降為太始真人中三皇時下降為太朴真人下三皇時下降為太素真人至黃帝時下降為當上天開皇初劫下世紫雲元年建甲午三月甲寅庚午時符太陽之精托胎化生淨樂国王善勝夫人之腹孕秀一十四月則太上八十二化也凈樂國者乃奎婁之下海外國上應龍變梵度天玄帝產母左脇當生之時瑞雲覆國異香芬然地上变金玉瑞應之祥生而神靈舉措隱顯年及十歲

經典一覽悉皆默会仰觀俯察靡所不通潛心念
道志氣太虛願輔上帝普福兆民父王不能抑志
年十五辭父母欲尋幽谷內煉元真遂感玉清圣
祖紫虛元君傳授無極上道元君告玄帝曰子可
越海東遊歷於翼軫之下有山自乾兌起跡盤旋
五萬里水出震宮自有太極便生是山應顯定極
風天太安皇崖二天子可入是山擇衆峰之中冲
高紫霄者居之當契太和昇舉之後五百歲當龍
漢二劫中披髮跣足攝離坎真精歸根復位上為
三境輔臣下作十方大聖方得顯名億劫與天地
日月齊并是其果滿也告畢元君昇雲而去玄

乃如師語越東海遊步至翼軫之下果見師告之山山水藏沒皆符師言乃入觀覽果有七十二峰中有一峰聳翠上凌紫霄下有一嵓當陽虛寂於是玄帝採師之誠目山曰太和山峰曰紫霄峰嵓曰紫霄嵓因卜居焉潛虛玄一默會萬真四十九年大得上道於黃帝紫雲五十七年歲次甲子九月初九日丙寅清晨忽有祥雲天花自空而下迷漫山谷去山四方各三百里林巒震響自作步虛仙樂之音是時玄帝身長九尺面如滿月龍眉鳳目紺髮美髯顏如冰清頂九氣玉冠身披松羅之服跣足拱手立於紫霄峰上須臾雲散有五真[illegible]

仙降於玄帝之前導從甚盛非凡見聞玄帝稽首
祇奉迎拜五真曰予奉三清玉帝詔以子功滿道
備昇舉今聞子之聖父聖母已在九霄矣玄帝跪
伏恭詔五真乃宣詔畢可特拜太玄元帥領元和
遷校府公事賜九德偃月金晨玉冠瓊華玉簪碧
璉寶圭素銷飛雲金霞之帔紫銷龍袞丹裳羽屬
絳綵之裙七寶銖衣元光朱履飛紅雲舄佩太玄
元帥玉冊乾元寶印南北二斗三台龍劔飛雲玉
輅丹轝綠輦羽葢瓊輪九色之節十絶靈旛前踞
九鳳後次八鸞天下玉女億乘萬騎上赴九清詔
至奉行玄帝再拜授詔易服訖飛昇金闕授元洞

玉曆記云殷紂日造罪僁惡毒自橫遂感六大魔王引諸鬼衆傷害衆生元始乃命玉皇上帝降詔紫薇陽則以周武伐紂陰以玄帝收魔斯時上賜玄帝披髮跣足金甲玄袍皂纛玄旗統領丁甲下降凡世與六天魔王戰於洞陰之野魔王以坎離二氣化蒼龜巨蛇變現方成玄帝神力攝於足下鎖鬼衆於酆都大洞宇宙肅清玄帝凱還特賜尊號拜玉虛師相玄天上帝領九天採訪使聖父曰淨樂天君明真大帝聖母曰善勝太后瓊真上仙下蔭天關曰太玄火精含陰將軍赤靈尊神地軸曰太玄水精育陽將軍黑靈尊神並居天一

北極判官

北極驅邪院左判官

左判官者唐顏真卿德宗命真卿問罪李希烈親族餞於長樂坡公醉跳躑前楹曰吾早遇道士云陶八八援以刀圭碧霞丹至今不衰又曰七十有厄即吉他日待我於羅浮山得非今日之厄乎公至大梁希烈命縊殺之葬於城南希烈敗家人啟柩見貌狀如生徧身金色爪甲出手背鬚髮長數尺歸葬偃師北山后有商人至羅浮山有二道士奕棋樹下一曰何人至此答曰小客洛陽人道士笑曰爾寄一書達吾家[illegible]童子取紙筆作書寄還至北山顏家子孫得書驚曰先太師親筆發塚開棺已空矣后白王壽云顏真卿爲北極驅邪院左判官

梓潼帝君

梓潼帝君

二月初三日生

按清河內傳余本吳會間人生於周初後七十三化為士大夫未嘗酷民虐吏性烈而行察同秋霜白日之不可犯後西晉末降生於越之西雋之南兩郡之間是時丁未年二月三日誕生祥光罩戶黃雲迷野居處地俯近海里人請清河叟曰君今六十而獲貴嗣童稚時不喜嬉戲每慕山澤徃徃語言若有憶顯盡誦群書喪避衆子自笑自樂身躰光明居民祈禱則余嗤訕長嘯曰土木而能衣人之衣食人之食享之而有應謗之而有禍我為人

而焉無靈乎自後夜夢或爲龍或爲王者天符或
爲水符漕自恠而不甚信爲吉兆三歲僣旱嘉禾
無魅舞雩祝神括然無驗余思曰寐中夢治水府
今夕當驗夜往水際以夢中官亟牒河伯而驚寤
尤恐忸怩不能忽尔之間陰雲四合風飛雷震一
吏稽首余前曰運判徙居余曰非我也我乃張户
老之子名垂緣水府得達故字霈美吏曰奉命從
子余曰家人如何吏曰先到治所余惶懼未決吏
揖上一白驢而去俛首里閈風雨聲中頓失鄉地
到一山連叙嶺而擽參宮星也君鳳凰之偃下有
吾湫引余入一巨穴門有一石荀吏曰民之禱雨

視此石而有應名曰雷往吾方褰衣入穴吏又曰君記周室為人七十三化陰德傳家而迄今否余方大悟若夢覺也吏曰君在天譜得神之品於人世界有知之者晉不日有中興之兆君可尋方而顯化余曰謝天使嚮報也入穴則若墮千仞之壑近地而足不沾若騰身虛空有王者之宮中有禁衛余入遊見家人悉都其間啟日作儒士往咸陽講姚萇之故事廟在劍州梓潼縣九曲之址其殿有降筆亭中以金索懸一五色飛鸞鸞口御筆用金花牋數百番常晉筆下筆墨皆具亭門本府差官封鎖甚嚴以防欺偽之弊降筆說其事內有[illegible]

鍾自鳴廟吏聞於本府本府差官啟鑰取書以獻
親應其降筆多勸人以忠孝為本昨逆曦僭為蜀
王具犧牲設俎豆潔粢盛親詣
帝君廟設祭甫欲行禮黑風驟起滅燭撤香逆曦震
懼俯伏殿下須臾開明視祝板已碎作兩片矣
帝君奉
玉帝旨佐南斗注生由是求嗣者多禱焉
唐玄宗追封　左丞相　僖宗加封
順濟王　宋太祖加封聖號
忠烈仁武孝德聖烈王
聖后協應德惠妃

聖父顯慶慈祐仁裕王　聖母昭德積慶慈淑妃
聖子嗣德王　聖子婦善助顯懿夫人
聖子昌德王　聖子婦順劝惠懿夫人
聖孫紹應昭靈侯　聖孫婦淋應夫人
聖孫承應宣靈侯　聖孫婦惠應夫人
佐神英惠忠烈翼濟福安王即報喜太尉也
左右桂祿二籍仙官。
延祐三月七日加封聖號
輔元開化文昌司祿宏仁帝君

吳客三真君

吳客三真君

昔周厲王有三諫官唐葛周也王好畋獵失政三官諫曰先王以仁義守國以道德化民而天下咸服未聞禽荒也屢諫弗聽三官棄職南遊於吳吳王大悅會楚兵侵吳王甚憂之三官進曰臣等致身以死事大王自有安邦之謀大王無慮三官迎敵各用神策楚降吳王遷賞三官拜辭奏曰臣等咨臣也不敢受賜后知厲王薨宣王立復歸周國宣王錫賚甚厚仍其爵位后教太子靖王降五方使者及非灾橫禍宣王遷三官於東袞撫治安慰民

受其賜爲請其資所至無乏其國大治三官既畢

加封侯號

唐宏字文明孚靈侯　七月二十一日誕

葛雍字文度威靈侯　二月十三日誕

周武字文剛浹靈侯　十月初二日誕

宋祥符元年真宗東封岱岳至天門忽見三仙自

空而下帝歎問之三仙曰臣奉天命護衛聖駕帝

封三仙曰

上元道化真君

中元護正真君

下元定志真君同判

岱岳冥司

讚曰應変之聖道德之君辭周寄吴濟世救民周
而然拯吴封客臣宋遇真宗天門顕身帝親問之
方得其因唐葛周氏天地水神上奉王詔保駕聖
明御製衣妙讚敕職姓名祠封太項號建三靈

許真君

許真君

八月初一日聖

許真君名遜字敬之汝南人也祖父世慕至道真君弱冠師大洞真君吳猛傳三清法舉孝廉拜蜀旌陽令以晉乱棄官與吳君問遊江左會王敦作亂二君乃假符呪謁敦欲止敦而存晉也一日同郭璞候敦敦畜怒而見曰孤昨夢將一木上破其天樺帝位果十全乎請先生圓之許曰此夢非吉矣曰木上破天是宋字明公未可妄動又令璞筮之曰事無成問壽曰若起事禍將不久若住武昌壽不可測敦怒曰卿壽幾何曰予壽盡今日敦令武

士執璞赴刑二君同歎飲席間乃隱形去至盧江
口召舟過鍾陵舟師以無人力駕舡二君曰但載
我〻自行舡仍戒舟師曰汝宜堅閉户隱若聞舟
行聲愼勿潛窺於是入舟頃刻間舟師聞舟搖撼
木葉聲遂潛窺見二龍駕舟在紫霄峰頂能知其
窺委舟而去二君曰汝不信吾教今至此柰何遂
令舟師舟隱此峰頂數服靈草授以神仙術舟之
遺跡今尚存真君后在豫章遇一少年容儀修整
自称愼郎真君与之話知非人類既去謂門人曰
適少年即蛟蜃精吾念江西累遭洪水為害若不
剪除恐致逃遁遂躡道眼一覩見蜃精化一黃牛

於洲北真君謂弟子施太玉曰彼黃牛我今化黑
牛仍以白巾與鬪汝認之當以劍截彼儭頸二牛
奔逐太玉以劍中黃牛之左股因投入城西井中
黑牛亦入井蜃精徑走蜃精先在潭州化一聰明
少年人多珍寶娶刺史賈玉女常旅遊江湖必多
獲寶貨而歸至是空歸且云被盜所傷須臾典客
報云有道流許敬之見彼君賈出接坐真君曰聞
君得佳婿略請見之慎郎託疾不出真君厲聲曰
蛟精老魅焉敢遁形蛟乃化本形至堂下命空中
神兵殺之又令將二兒來真君以水噀之即成小蜃
妻賈氏幾變父母力懇乃止令穿屋下丈餘地皆

無水際又令急移俄頃官舍沉沒為潭璣[illegible][illegible][illegible]
然旨屢后於東晉太康二年八月一日於洪州西
山舉家白日上昇真君自飛昇之后里人與真君
族人就其地立祠以所遺詩一百二十首寫竹簡
之上載之竹簡令人探取以決休咎名曰聖籤家
徽宗政和二年五月十七日上尊號曰
神功妙濟真君敕觀為宮賜額曰玉隆萬壽帝因看
書於崇政悅然似夢見東華門北有一道士戴丸
華冠披絳章服導從者甚衆至丹墀趨簡揖帝帝
囙問曰卿是何人不詔而至對曰吾為許旌陽權
掌九天司職上帝詔往按察西瞿耶國經田故國

復問曰朕患安息瘡諸藥不能愈眞君有藥否即
取小瓢子傾藥一粒如綠豆大呵呪抹於瘡上覺
如流酥灌躰入骨清涼遂揖而去行數步隨廻顧
曰吾獎舍已久寥落願聖皇舉眼一看為皇帝豁
然而覺詔畫像如夢中所見祥賜上清儲祥宮崇
奉詔眞君遺迹去處未有宮觀即取本屬官職建
造如宮觀只因損壞如法修換無常住即撥近便
官田供瓣
聖朝崇奉加至道玄應四字餘封如故

張天師
上清宮

張天師

天師者漢張道陵也子房八世孫光武建武間生於吳天目山學長生之術隱北邙山章帝和帝累召不起久之徧遊名山東抵興安雲錦溪形高而望曰是有異境遂泝流而之雲錦洞有岩焉煉丹其中三年青龍白虎旋遶於上丹成餌之時年六十容貌益少又得秘書通神变化驅除妖鬼後於蜀之雲臺峰升天所遺經籙符章弁印劍以授子孫其四代曰盛復居此山歷代重之今其子孫世襲眞人居於江西廣信府貴溪縣之龍虎山

三茅真君

三茅真君

三月十八日生

茅盈字叔申濛玄孫弟固字季偉次弟衷字思和生於漢景帝中元五年少秉異操獨味清虛年十八遂棄家入恒山修道餌朮后師王君因西至龜山得見王母授以太極玄真之經歸入恒山北谷時年四十九也盈父母尚存父惡其久出遠遊欲杖之盈長跪曰盈已受聖師符籙常有天兵侍衛杖盈恐天兵相阻盈罪愈加重也父欲驗其語故杖之杖輒折成數十段如弓矢之蔟中壁則壁穿中柱則柱陷父母始知其道成乃止盈曰向所啟正

慮如此后二弟俱貴衷爲西河太守固爲執金吾
當並之官鄉里送者數百人時盈亦在座笑謂賓
曰吾雖不作二千石來年四月三日送僕登仙當
亦不減於今日也衆皆不之許時宣帝初元四年
也至期門前數頃地忽自平治無寸草皆施青縑
幄屋下畫鋪白毡可容數百人衆賓並集大作宴
會杳無使從但見金盤玉杯自至筵前美酒奇殽
異果不可名狀復有妓樂絲竹金石之音滿耳蘭
麝之香達數里外少頃迎官來至朱衣玄帶者數
百人旌旗甲仗光采耀日盈乃與家人親友辭別
登車乘雲冉冉而去時二弟在官聞盈飛昇皆棄

還家求兄於東山盈乃與相見謂二弟曰悟何晚矣今年已俱老雖可補復縱得真訣但可成地仙耳於是初教二弟延年不死之法令長齋三年授以上道使存明堂玄真之氣又各贈九轉還丹一劑并神方一首各佩服之遂亦成仙后人謂之三茅真君今祠廟昺列於句容之茅山三峰靈應奇驗禮拜者傾江以南云

祠山張大帝

祠山張大帝

大帝姓張諱渤字伯奇武陵龍陽人也父龍陽君母曰張媼龍陽君與媼遊於太湖之陂忽風雨晦冥雷電並起失媼處俄頃開霽媼言見天神賜以金丹已而有娠西漢神爵三年二月十一日夜半生長而奇偉隆準修髯有神告以地荒僻不足建家命行有獸前導遂與李夫人東遊吳會渡浙江至苕雲山白鶴山山有四水會流其下公止而居焉於白鶴得柳氏於烏程桑坵得趙氏為侍人王允弟五子二女八孫始於吳興郡長興縣順靈鄉役

陰兵自長興荊溪疏鑿聖瀆長三十里志欲通津於廣德也王設鼓壇爲鳥所誤王見夫人变形未及遂不與夫人相見化於廣德縣西五里橫山之頂居民思之立廟祀焉夫人亦至縣東二里而化時人亦爲立廟聖瀆之河湮爲民田即浴兵池爲湖灌溉瀕湖之田僅萬頃挧鼓之壇禽不敢栖蟻不敢聚云唐天寶中禱雨感應初贈

水部員外郎橫山改爲祠山昭宗贈

司農少卿賜金紫景宋封

廣德侯南唐封爲司徒封廣德公後晉封爲

廣德王宋仍宋封爲

靈濟王至寧宗朝累加至八字王至理宗淳祐五年

改封

正祐聖烈真君至咸淳二年加封

正祐聖烈昭德昌福真君二月十一日誕生

封正寧昭助靈惠順聖妃全氏二月初二日誕生

封協應濟惠慈昭廣懿夫人黃氏

封協順承濟慈佑廣助夫人

王祖顯慶垂休昭遠靈惠侯　祖妣顯應起家昭靈夫人

王父慈應潛光儲祉衍靈侯　王妣慈惠嗣徽聖善夫人

九弟

靈貺普濟昭助侯　靈德昭惠嘉懿夫人

善利通貺靈助侯　善德助惠正懿夫人

順成孚應顯助侯　順德衍惠昭懿夫人

康衛昭應廣助侯　康德順惠顯懿夫人

靖鎮豐利宏助侯　靖德淑惠靈懿夫人

休應曹澤孚助侯　休德敷惠靖懿夫人

明濟福謙善助侯　濟德緩惠昌懿夫人

昭祐通濟信助侯　昭德靖惠明懿夫人

嘉惠孚直順助侯　嘉德柔惠光懿夫人

王子

承烈顯濟啟佑王五月十五日生　承祀贊福元穆協應夫人

嗣應昭佑公誕生正月初四日　嗣嬪翊福昭穆夫人

濟美崇佑公（三月十五日誕生）　濟順保福恭穆夫人

紹休廣佑公（十二月十二日誕生）　紹姒崇福交穆夫人

善繼孚佑公（正月十一日誕生）　善行敷福瑞穆夫人

王女

淑顯柔嘉令儀夫人（王婿李琳及祠祭呼云）人本廣無像位熙楚

王孫

第一位永福侯　第二位衍社侯

第三位衍佑侯　第四位衍澤侯

第五位衍瑞侯　第六位衍渥侯

第七位衍慶侯　第八位衍惠侯

佐神丁壬三聖者　打供方使者封協靈侯

五聖始末

五聖始末

九月廿八日生

按祖殿靈應集云五顯公之神在天地間相與為本始至唐光啟中乃降於茲邑圖籍莫有登載故後來者無所考據惟邑耆耄口以相傳言邑民王瑜有園在城北偏一夕園中紅光燭天邑人聚王觀之見神五人自天而下道從威儀如王侯狀黃衣皂絛坐胡床呼瑜而言曰吾授天命當食此方福佑斯人什勝尋幽而來至止我廟食此則佑汝亦無窮瑜拜首曰惟命言訖祥雲四合神昇天矣明日邑人來相宅方山在其東佩山在其西左環杏

璬右繞蛇城南北兩潭而前坐後大溪北來縈紆
西下兩峰特秀巃嵸然水口良然佳處也乃相典子
來斬竹薙草作爲華屋立像肖貌揭處安靈四達
聞之麟集輻輳自是神降格有功於國福佑斯民
無時不顯先是廟號止名五通大中中始賜廟額
曰靈順宣和年間封兩字侯紹興中加四字侯乾
道中加八字侯淳熙初封兩字公甲辰間封四字
公十一年加六字公慶元六年加八字王嘉泰二
年封兩字王嘉定元年封四字王累有陰助于江
左封六字王六年十一月誥下封八字王
理宗改封八字王號

第一位顯聰昭應靈格廣濟王
顯慶協惠昭助夫人
第二位顯明昭烈靈護廣祐王
顯惠協慶善助夫人
第三位顯正昭順靈衛廣惠王
顯齊協佑正助夫人
第四位顯直昭佑靈貺廣澤王
顯佑協齊喜助夫人
第五位顯德昭利靈助廣成王
顯福協愛靜助夫人
王祖父啟佑善應敷澤侯

祖母衍慶助順應貺夫人
土父廣惠慈濟方義侯
母崇福慈齊慶善夫人
長妹喜應贊惠淑顯夫人
次妹懿順福淑靖顯夫人
至有吏下二神者蕭五公既貴不敢以禍福驚動
人之耳目而委是二神司之歟
黃衣道士　紫衣貞覺大師
輔靈翊善史侯　輔順翊惠下侯
翊應助順周侯　令狐李丞
王念二九師　打供高太保

打供胡百二檢察　　都打供胡靖一總管
打供黃太保　　打供王太保
金吾二大使　　掌善罰惡判官
周禮小宗伯祀五帝於四郊漢儀祠五祀宋朝明
堂爵五方帝位於昊天之側從之以五人帝五官
神皆五行直氣也盖五行為天地間至大化必有
為之主宰者故曰玄冥曰祝融曰句芒曰神蓐曰
后土皆指水火金木土而言之則今五神之降於
川豈非默助五行之造化以福生民乎或以五聖
為五通謂其非正神名實不然甚矣每歲四月八
日本縣故建大齋士民輻湊　本朝有褒封勅誥

至聖炳靈王

至聖炳靈王 五月十二日生

至聖炳靈王者即東嶽天齊仁聖帝第三子也唐太宗加威雄將軍至宋太宗封上吴炳靈公大中祥符元年二月二十五日封

至聖炳靈王

佑聖真君

佑聖真君

佑聖真君者真君姓茅諱盈本長安咸陽人也自幼出家參訪名山洞府遇王君賜長生之術得道稱為天仙至漢明帝朝儀朔三年天書忽降皆玉篆龍文云大帝保命真君與東岳天齊仁聖帝同監死生共管陰府之事宋太宗封佑聖真君至真宗

加封

九天司命上卿賜福佑聖真君

王侍宸

王侍宸

侍宸姓王名文卿宋時臨川人侍宸其官也生有骨相有道者器之長而遊四方幾歷幾遍宇宙嘗遇異人授以道法能召風雷宋徽宗號爲金門羽客凝神殿侍宸寵冠當時賜賚一無所受時揚州大旱詔求雨侍宸爲仗劍噀水曰借黃河水三尺后數日揚州奏得雨水皆黃濁屢見顯異元時始建祠今祠在建昌之府城內是也靈應益著挑牲帛而乞靈者絡繹於道

袁千里

袁千里

袁勝字千里南豐人王侍宸甥生氏子也有斬勘雷法髯鬍舅氏端平間寓戴顛家一日謂戴顛曰吾逝矣可焚我言畢而卒戴焚之火及冤煙焰中有旗現金字曰雷霆第二判官袁千里也

張果老

張果老

姓張名果隱於恒州中條山往来汾晉間得長生秘術耆老云為兒童時見之已言數百歲嘗騎一白驢日行数万里休息時乃折叠之其厚如紙置於巾箱中乗則以水噀之復成一驢唐太宗高宗徵之不出則天皇后召之出山佯死於妬女廟前后有人於恒州山中復見之明皇齎璽書迎果隨至安置於集賢院問以神仙不荅累試仙術不可窮紀

西嶽眞人

西嶽真人

西岳真人姓馮名長驪山人周宣王時為柱下史覩天文之変乃退隱構生遇鄧真人授以靈書功行垂成復遇彭真人授以太上隱書遂得仙用術活人平王二十年春昇化而去

太素真人

太素真人 九月廿三日生

太素真人姓周名亮字太真太原人母宵寢見五色流霞覆其宅因感有孕經十五月而生長而師事姚坦授五千文乃入素真經能治鬼怪各復真形周靈王太子晉聞之召與相見賜以九光七明芝亮修服之遂能變化或如七十髮白齒落經宿不出復爲少年姿容如花或被亮人侮之其人不覺自縛困於拷擊叫號口中流血求哀乃釋之年一百九十餘歲威烈王十四年上帝遣天官下迎授爲秦隴真人出入太清

薩真人

薩真人

薩真人名守堅蜀西河人也甞學醫誤用藥殺人遂棄醫聞虚靖張天師及建昌王侍宸福州林靈素三人道法高遂來學法至蜀中其行囊已盡坐於石大憂忽見三道人來真人問此去信州遠近道人問所欲真人曰欲訪虚靖天師學法道人曰天師死矣復問王侍宸曰亦死矣復問林靈素曰亦死矣真人方悵恨一道人曰今天師道法亦高吾與之有舊當為作字可往訪之吾有一法相授日間可以自給遂授以呪棗之術曰呪一棗可取七

文一日但呪十棗得七十文則有一日之資矣一
道人曰吾亦有一法相授與之棕扇一柄曰有病
者則扇之即愈一道人曰吾亦有一法相授乃雷
法也真人受之辟去用之皆驗一日呪百餘棗
止授七十文為日用餘者復以濟貧及到信州見
天師投書舉家皆哭乃虛請天師親筆也書中言
吾與王侍宸林天師遇薩君各以一法授之矣可
為參錄奏名真人后法愈大顯嘗經潭州人聞神
語曰真人提刑來日至次日人同之只見真人携
瓢笠至有提點刑獄之牌人異之繼至湘陰縣浮
梁見人用童男童女生祀本處廟神真人曰此等

逕神好焚其廟言訖雷火飛空廟立焚矣真人至龍興府江邊濯足見水有神影方面黄巾金甲左手拽袖右手執鞭真人曰爾何神也答曰吾乃相陰廟神王善被真人焚吾廟後參相隨一十二載只候有過則復前讎今真人功行已高職隸天樞望保奏以為部將真人曰汝兇惡之神坐吾法中必損吾法廟神即立誓不敢背盟真人遂奏帝授職至潼州忽一日諸將現形環侍天詔召真人君天樞領位真人方起身而即立化

寿春真人

壽春真人

真人姓梅名福字子真壽春人仕漢為南昌尉見王莽專政乃棄家求仙遍遊鴈蕩南閩諸山后入仙霞山遇空同仙君授以内外丹法入鷄籠山修煉不成乃至舣江西嶺再遇空同仙君謂福曰汝之緣在飛鴻山也福遂往飛鴻山結菴修煉丹成趣裝復還壽春一日紫雲浮空仙樂紛紛金童玉女捧詔控鶴從空而下福拜詔辭家乘青鶴飛昇而去宋元豐間封壽春真人今廟在金陵聚寶門外靈應神異俗呼曰梅將軍廟

負局先生

負局先生

負局先生語似燕代間人因磨鏡輒問主人得無有疾苦者否若有輒出紫丸赤藥與之莫不愈時大疫每列户與藥愈者万計不取一錢後止吳山絕崖世世懸藥與人曰吾欲还蓬莱山為汝曹下神水崖頭一旦有水白色從石崖流下服者多所愈鄉人乃立祠祀之

律呂神

祠在大同府渾源州之北五里神谿狐石上建於元魏元重修相傳泰初元年六月弘州人有張珪者晚憇於狐石之上忽一神人丰姿飄洒清瑩絶塵自空而下顧珪謂曰律呂律呂上天勅汝此月二十日行硬雨語畢即騰空而去珪會其意歸家遍以語隣村人使速收麦未及收者至日為雨所傷殆盡空事聞朝廷遣使祭焉

劉師

劉師

寰字記師姓劉字摩訶洞曉經律深入禪要占記吉凶無有不驗沮渠蒙遜時西求仙學道經肅州衛北治南小草菴上合掌飯依而入涅槃其徒荼毘之骨化為珠血化為丹更為立祠於示寂之所相傳祈禱者往往獲珠丹焉自是禳火火滅祈雨雨霊禱病病瘥遠近爭崇奉之

搜神記卷之二終

新刻出像增補搜神記卷之三

金陵三山對溪唐富春校梓

目録

南無觀世音菩薩

南無觀世音菩薩

二月十九日生

昔有一國王號曰妙莊王三女長妙音次妙緣又次妙善善即菩薩也王令其贅不從逐之後花園居之白雀寺尼僧苦以挑茶運水鬼使代之王怒命焚寺僧俱燬於燄而菩薩無恙如初命斬之刀三折命縊以白練帶忽黑霧遮天一白虎背之而去屍多林青衣童子侍立遊歷地府過奈何橋救諸苦難還魂再至屍多林太白星君化一老人指與香山修行後莊王病惡劍目斷臂救王王往礼之雨時道成空中現千手千眼靈感觀世音菩薩奇妙之相永為香山显跡云

天王

天王

按釋氏源流有毘沙勒義天王有毘沙博義天王有提頭賴吒天王有毘沙門天王昔唐太宗從高祖起義兵有神降於前自稱毘沙門天王願同力定亂其手將有猪首象鼻者故所向成功及即位詔天下公府皆祀之天聖初詔諸郡置祠仍建佛寺俱以天王為額此天王之所由晉建也

地藏王菩薩

地藏王菩薩

七月三十日生

職掌幽冥教主十地閻君率朝賀成礼相傳王舍城傳羅卜法名目犍連嘗師事如来救母於餓鬼群叢作盂蘭勝会殁而為地藏王以七月三十日爲所生之辰士人禮拜或曰今青陽之九華山地藏是也按傳新羅国僧唐時渡海居九華山年九十九忽召徒衆告别但聞山鳴石隕俄分趺坐於函中洎三稔開将入塔顔貌如生舁之動骨節若金鎖焉故曰金地藏以是知傳者之誤

金剛

金剛

金剛密跡是也按三昧經如來到那乾訶羅國降惡羅魔時金剛神手把大杵々頭出火焼諸惡龍々王驚怖走入佛影又嘗揮大利劍擬鬼王額鬼王驚怖抱持小兒長跪上佛又嘗白佛無意小食化鬼神衆及世尊滅度金剛悲哀懊惱作如是言如來捨我入於寂滅我從今日無歸無依無覆無護衰惱災患一旦頓集憂愁毒箭深入我心此金剛杵當用護誰即便棄擲自今以往當奉侍誰說種々言戀慕如來此金剛之所自顯化也

十大明王

十大明王

一焰髮得迦忿怒大明王　二無能勝大忿怒明王　三鉢訥髮得迦大忿怒明王　四尾覲難得迦大忿怒明王　五不動尊大忿怒明王　六吒枳大忿怒明王　七你羅難拏忿怒明王　八大力大忿怒明王　九送婆大忿怒明王　十嚩日羅播多羅大忿怒明王

此十大忿怒明王各有三面面各三目皆頭上頂佛以虎皮為衣髑髏為冠髮髻竪立

十地閻君

十地閻君

一殿閻君秦廣王蕭
二殿閻君楚江王曹
三殿閻君宋帝王庶
四殿閻君五官王黃
五殿閻君閻羅王韓
六殿閻君变成王石
七殿閻君泰山王畢
八殿閻君平等王干
九殿閻君都市王薛
十殿閻君轉輪王薛

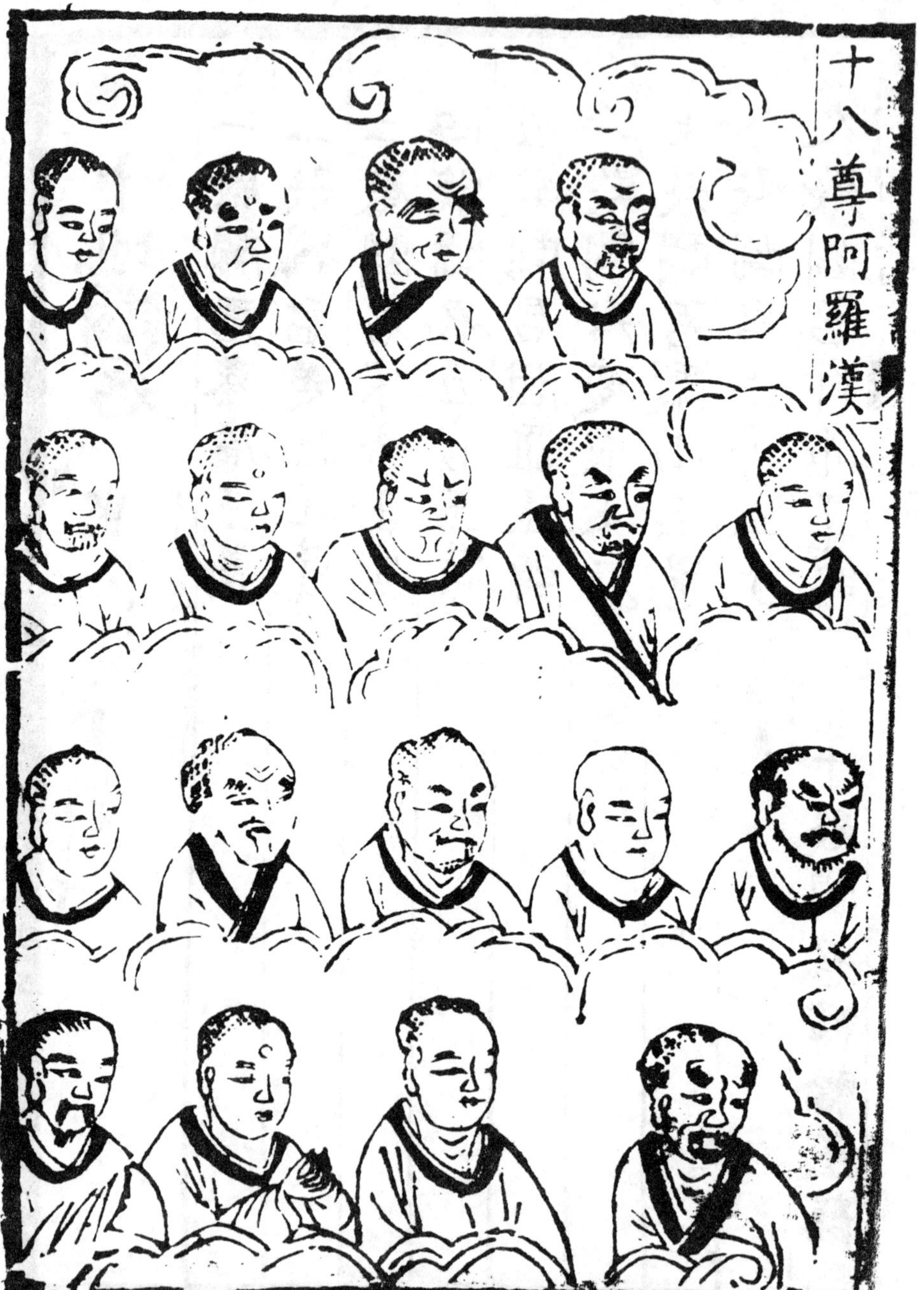
十八尊阿羅漢

十八尊阿羅漢

第一賓度羅跋羅墮闍尊者　第二迦諾迦跋蹉尊者
第三迦諾跋釐墮闍尊者　第四蘇頻陀尊者
第五諾距羅尊者　第六跋陀羅尊者
第七迦哩迦尊者　第八伐闍弗多羅尊者
第九戍博迦尊者　第十半託迦尊者
第十一羅怙羅尊者　第十二那伽年那羅尊者
第十三因揭陀尊者　第十四伐那跋斯尊者
第十五阿氏多尊者　第十六注荼半託尊者
第十七慶友尊者　第十八賓頭盧尊者

宝誌禪師

寶誌禪師

寶誌禪師宋元嘉中見形於東陽鎮古木鷹巢中朱氏聞巢中兒啼遂收育之因以朱為姓施宅為寺焉公自少出家依於鍾山道林寺常持一錫杖懸刀尺及鏡拂之類或掛一兩尺帛數日不食無饑容時或歌吟詞多讖記士庶皆共事之齊建元中武帝謂師惑衆收付建康獄既旦人見其入市及檢獄如故建康尹以事聞帝延於宮中之後堂師在華林園忽一日重著三布帽亦不知於何所得之俄豫章王文惠太子相繼薨齊亦以此貴矣由

是禁師出入
梁高祖即位下詔曰誌公迹拘塵垢神遊冥寂水火不能燋濡蛇虎不能侵懼語其佛理則聲聞以上談其隱淪則遯仙高者豈以俗士常情空相拘制何其愚陋至於此自今勿得復禁師或一日對帝食鱠帝曰一人知味二十餘年師何爲爾師乃吐出小魚鱗尾依然今建康尚有鱠殘魚是也皇后郗氏崩數月帝常追悼之晝則忽忽不樂宵則耿耿不寐居寢殿聞外騷窣聲視之乃見一蟒盤躃上殿睒睛呀口以向於帝帝大驚駭無所逃遁不得已蹶然而起謂蛇曰朕宮殿嚴警非爾蛇類所

生之處必其妙孽欲祟朕耶蛇為人語啟帝曰蟒則昔之郗氏也妾以生存嫉妬六宮其性慘毒怒一發則火熾矢射損物害人死以是罪謫為蟒耳無飲食可實口無窟穴可庇身飢窘困迫力不自勝又鱗甲有蟲唼嚙肌肉痛若其劇若加錐刀焉蟒非常蛇亦復變化而至不以皇居深重為阻耳感帝平昔眷戀之厚故托醜形骸陳露於帝祈一功德以見拯救也帝聞之嗚呼感激既而求蟒不復見帝明日大集沙門於殿庭宣其由問善之最以贖其言師對曰非禮佛懺滌悃款不可帝乃然其言搜索佛經錄其名號兼親抒睿思洒聖翰撰

悔文共成十卷皆採摭佛語削法閑詞爲其懺禮
又一日聞宮室内異香馥郁良久轉美初不知所
來帝因仰視乃見一天人容儀端麗謂帝曰此則
蟒后身也蒙帝功德已得生忉利天今呈本身以
爲明驗也慇懃致謝言訖而去此見梁武懺序師
於梁天監十三年冬將卒忽告衆僧令移寺金剛
神像出置於外乃密謂人曰菩薩將去矣未及旬
日無疾而終舉體香而化在世九十七年帝以錢
二十萬易定林寺前岡獨龍阜以葬師永定公主
以湯沐之資造浮圖七級於其上帝命陸倕製銘
賜琥珀珠以飾塔表南唐保大七年加號妙覺塔

名應世宋太宗太平興国七年舒民柯萼遇老僧
往萬歲山指古松下掘之得石篆乃寶公記聖祚
綿遠之文於是遣使致謝謚曰寶公妙覺治平初
更謚道林真覺大師按建康實録開善寺有誌公
履唇神龍初鄭克俊取之以歸長安今洗鉢池尚
在塔西二里法雲寺基方池是也

盧六祖

盧六祖

盧六祖名能廣東新州人唐宣宗朝學佛見曹溪水香遂於其地擇一道場求之地主但云只得一袈裟地足矣地主從之遂以袈裟鋪設方圓八十里今南華山六祖道場是也肉身俱存香烟薰其面如漆至元丙子年漢軍以利刃鑽其腹見心肝如生人於是不敢犯衣鉢盡載之有宣宗御賜袈裟織成淡山水有西天鉢非銅鐵非木石有西天履非革非木有其華經十六七葉有佛齒以小銀合載之元有一孽龍據深潭為民害六祖曰只怕你变小其龍果小遂以鉢盂載之在寺中乾枯帰附

達磨

達磨

十月初五日生

二十八祖達磨自天竺國泛海見梁帝不契潛上嵩山少林寺面壁九年端居而逝瘞熊耳山魏宋雲奉使西域廻過師子葱嶺見手攜隻履翩翩而逝雲問師曰西天去又謂雲曰汝王已厭世雲聞之茫然別師東還暨復命則明帝已登遐矣迨孝莊即位雲具奏其事帝令起壙惟空棺一隻革履存焉

普庵禪師

普庵禪師 十一月二十七日生

普庵禪師名印肅袁州宜春縣余氏子也當宋徽宗政和五年十一月二十七日辰時生年六歲夢一僧點其心曰汝他日當自省既覺以意白母視之當心有一點紅瑩大如世之櫻珠父母因此許從壽隆院賢和尚出家年二十七歲落髮越明年受戒師容貌魁奇智性巧慧賢師器之勉令誦經師曰嘗聞佛祖元旨必貴了悟於心數墨巡行無益於事遂辭師遊湖湘謁牧庵忠公因問萬法歸一一歸何處忠公豎起佛子師遂有悟后歸受業院

癸酉歲有隣寺慈化者衆請住持寺無常住師衣衾紙衣晨粥暮食禪定外唯閱華嚴經論一日大悟遍躰汗流喜曰我今親契華嚴境遂述頌曰

擺不成團撥不開　何須南岳又天台
六根門首無人到　惹得胡僧特地來

一日忽有僧名道存冒雪至師目擊而喜曰此乃吾不請友矣遂相與寐坐交相問荅師乃庵隱南嶺號曰普庵後營募重為慈化修建佛殿募道向風者衆師乃隨宜為說或書頌與之有病患者折草為藥與之或有殘毒人跡不相往來者師與之頌咸得十全至於祈晴伬怖木毀淫祠靈應非二

由是工役大興富者施財貧者施力巧者施藝壹
宇鳥新延以數千里之間關路建橋樂為善事皆
師之化忽一日索筆書頌於方丈西壁云　一
乍雨乍晴寶象明　東西南北乱雲深
失珠無限人遭劫　幻應權機為汝清々
須畢示衆曰諸佛不出世亦無有涅槃入吾室者
必能无契矣善自護持無令退失索浴更衣跏趺
而寂時則乾道五年七月二十一日
勑封普庵寂感妙濟真覺昭貺禪師

泗州大

泗州大聖

泗州僧伽大師者唐高宗時至長安洛陽行化歷吴楚間手執楊枝混於緇流或問師何姓答曰我姓何又問師是何国人曰我何国人尋於泗上欲構伽藍因宿州民賀跋氏捨所居師曰此本為佛宇令掘地果得古碑云香積寺即齊禁能建所創又獲金像衆謂燃燈如来師曰普光王佛也因以為寺額景龍二年中宗遣使迎大師至輦轂深加禮異命住大薦福寺三月三日大師示滅勅令就薦福寺漆身起塔忽臭氣滿城帝祝送師歸臨淮言訖異香騰沸帝問万廻曰僧伽大師是何人耶曰觀音化身耳乾符中謚證聖大師

出像增補搜神記　卷之三
傅大士

傅大士

傅大士名翕婺州義烏人也自幼聰慧通三教之書自號善慧八士梁普通元年遇天竺僧嵩頭陀謂曰爾彌勒化身遂令自鑒於水乃見圓光寶蓋即悟前因因問修道之地頭陀指松山下雙檮木曰此可矣

三

大士於此結庵大通二年置寺雙檮間即今雙林寺有法華經梁武帝所賜鐵磬鉢水晶數珠七佛銅冠至今尚存物

大士學道雖不家者派而不免世以爲先知先覺可

免釋子冠服云時有餘虎岩在又鳥之南二十五里又雲黃山頂多猛獸搏害居民大士齋竟每持餘飯飼之自茲虎獸伏匿又化石成青紫色瑩然可愛堪琢以爲數珠有陶姓者居貲給大士大士因指石視之曰此石青紫可琢數珠且戒之曰不汝商相傳到今惟此一家能之他家倣效石輒碎裂後忠獻王往婺州發大士之塔取骨殖至龍山舉之不動即其地建龍華寺以骨殖塑大士像於塔一統志稱傳大士墓在雲黃山石晋開運初吳越錢元佐遣使取其遺骨歸葬錢塘啟瘞之日有兩虎據墻而吼是夕大雨雷電震動山谷良行

虎隨至蝦蟆江阻水而迳

灌口二郎神

灌口二郎神

六月二十六日生

二郎神者姓趙名昱從道士李珏隱青城山隋煬帝知其賢起爲嘉州太守郡左有冷源二河內有老蛟爲害春夏水漲漂渰傷民昱大怒特設舟船率壯士及居民夾江皷譟昱持刃入水有頃其水赤石崖奔吼如雷昱右手持刃左手持蛟首奮波而出時有佐昱入水者七人即七聖是也隋末世亂棄官隱去不知所終後江水漲溢蜀人見昱於青霧中感其德立廟於灌江口奉祀焉唐太宗封爲神勇大將軍明皇加封　赤城王宋真宗封　清源妙道真君

蕭公

蕭公

公姓蕭諱伯軒龐眉蛟髮美髭髯面如童少年為人
剛正自持言笑不苟善〻惡〻里閈咸為之質平
歿於宋咸淳間遂為神附童子先事言禍福中若
發機鄉民相率為立廟于新淦縣之太洋洲福澤
一方元時以其子祥叔死而有靈合祀於廟
本朝洪武初嘗遣官諭祭永樂十七年其孫天任卒
屢著靈異亦祀于此
詔封為水府靈通廣濟顯應英佑侯大著威靈于九
江八河之上

晏公

晏公

公姓晏名戌仔臨江府之清江鎮人也濃眉虬鬚面如黑漆平生疾惡如探湯人少有不善必曰晏公得無知乎其為人敬悍如此元初以人材應選入官為文錦局堂長因病歸登舟即奄然而逝從人斂具一如禮未抵家里人先見其暢騶導於曠野之間衣冠如故咸重稱之月餘以死至且駭且愕語見之日則即其死之日也啟棺視之一無所有蓋尸解云父老知其為神立廟祀之有靈顯于江湖、本朝詔封平浪侯

宗三舍人

宗三舍人

楊四將軍

楊四將軍

六月初六日生

洋子江三水府

洋子江三水府

五代史楊氏據江封馬當為

上水府廟在山之陽

釆石為

中水府廟在釆石山下封王宋加顯靈順聖忠佑平江王

金山為

下水府廟在金山寺內三廟

本朝俱稱水府之神水面江心一呼即應舟人過者

必具牲帛以禱令有司歲時致祭

沿江遊奕神

沿江遊奕神

陳堯咨泊舟三山磯有老叟曰來日午時有大風舟行必覆宜避之來日天晴萬里無片雲舟人請解繂公曰更待之同行舟一時離岸忽然黑雲起於西北大風暴至折木飛沙怒濤若山同行舟多沉溺公驚嘆又見前叟曰某乃江之遊奕神也以公他日當位宰相故來告公曰何以報德叟曰吾不求報貴人所至龍神禮當護衛願得金光明經一部秉其力稍可遷職公許之至京以金光明經三部遣人詣三山磯投之叟曰本祈一公賜三遂陞數秩累遷

洞庭君

洞庭君

君洞庭湖神也有廟在龍堆按傳有柳生者名毅唐中宗時下第歸至涇陽見一婦人牧羊謂生曰妾洞庭君小女嫁涇川次子為婢所惑毀黜至此敢煩寄尺牘歸生諾不知所向婦曰洞庭之陰有大橘樹擊樹三當有應者生如其言有武夫揭水引入至靈虛殿取書以進洞君泣曰老夫之罪使孺弱罹害須臾之行亦能飛去俄紅粧擁一人回即寄書女也宴生碧雲宮君弟號錢塘君謂生曰涇陽娶婦欲託高義為親生不敢當辭而去后再娶盧氏即龍女也同歸洞庭

湘君

湘君

按山海經洞庭之山帝之二女居之蓋舜南巡崩葬於蒼梧之野二妃從之不及溺死沅湘之間人為立廟世稱湘君湖口及君山俱有廟昔秦始皇南遊浮江遇大風因問湘君何神博士對曰堯女舜妃始皇怒命赭其山即此唐韓愈有碑李白詩

帝子瀟湘去不還　空餘秋草洞庭間
淡掃明湖開玉鏡　丹青畫出是君山

劉禹錫詩

湖光秋水兩相和　潭面無風鏡作磨
遙望洞庭山擁翠　白銀堆裏一青螺

巢湖太老

巢湖太姥

按青瑣高議云古巢一日江水暴漲尋復故道溝有巨魚萬斤三日乃死合郡皆食之獨一姥好善不食忽有老叟告之曰此吾子也不幸罹此禍汝不食其肉吾將厚報之東門石龜目赤城當陷姥日往視有稚子欺之以朱傅龜目姥見急走登山而城陷為湖是為巢湖後人立廟於湖之姑山上以祀太姥舟行者風不祭焉羅隱詩有借問當年沉水事已經秦漢幾千年之句

宮亭湖神

宮亭湖神

神無姓名顯應於南康府東之宮亭湖上神来則陰霾蔽日其声澎湃若潮汐奔騰能分風令一南一北上下各不順帆能擘浪如持靈犀而入海守郡者重其神且防其為舟行之硬也立祠宮亭湖上歲時享祀有呼必應遠近行者賴之宋秦觀宿湖邊惜竹軒憂湖神贈詩曰

不知水宿分風浦　何似秋眠惜竹軒

閒道文章妙天下　廬山對面可無言

九鯉湖仙

九鯉湖仙

何氏奐詳其世代兄弟九人修道於仙遊縣東北山中故山名九仙又居湖側煉丹丹成各乘赤鯉而去故湖名九鯉廟在湖上最靈驗每大比歲郡中士子祈夢於此信若蓍蔡

本朝黄孟良感其事賦詩一律以紀之云

人已登仙鯉化龍　伊誰湖上搆仙宮
石遺丹竈塵埃裏　雲鎖瓊樓縹緲中
青鳥去來猶夜月　碧桃開落自春風
此行不為邯鄲夢　擬向邳橋遇石公

海神
潮神
水神
波神

海神即海若是也相傳秦始皇造石橋欲渡海觀日海神爲驅石始皇求神相見神曰莫圖我形始皇從之及見左右巧者描畫神形神怒曰帝負約可速去今廟在文登縣

潮神即子胥入見其素車白馬乘潮而出

水神謂馮夷河伯

波神謂川后

盧山匡阜先生

廬山匡阜先生

先生者姓匡名續字君平南楚人號匡阜先生生而神靈兒時便有物外志周武王時師老聃得長生之道結茅南障山虎溪之上隱焉室中無所有惟置一榻簡書數篇而已武王屢徵不起遇少年僊以仙訣得道漢武帝南巡狩登祀天柱嘗望秩焉繼而射蛟潯陽江中復封先生爲南極大明公更命立祠於虎溪舊隱郡守桓伊遷先生祠於山口凡水旱癘疫禱之皆應焉

蘇嶺山神

蘇嶺山神

廟在襄陽府之東南鹿門山按漢光武幸犁丘夢一神人縞衣羽裳素巾皂帶来謁帝問曰汝何神斯神曰臣蘇嶺山神也更條數事語竟而去時習郁以侍中從行明日帝以語郁郁夢亦如之毫髮不爽后光武封郁襄陽侯使立蘇山神祠刻二石鹿夾祠前神道百姓謂之鹿門廟靈異顯著唐孟浩然詩嚮至鹿門山山明翠微淺昔聞龐德公采藥遊不返隱跡今尚存高風邈以遠

新羅山神

新羅山神

廟在福之汀州盖汀本晉之新羅縣唐始有汀名按寰宇記開元末新羅縣令孫奉先晝坐所事見神曰吾新羅山神也今從府主求一牛爲食奉先請以羊豕代牛神怒於是疫癘大起奉先亦病亡后人有詩云

卓絶新羅百尺崖　神魔相倚洞天開
窪樽相伴先羊豕　不惜浮雲入夢來

射木山神

射木山神

肇慶府之陽春縣有射木山山有雲靈靈卑其上必雨開則霽山南有祠曰射木山祠漢封其神曰儲休侯靈顯最著廟食一方水旱疾疾有禱必應舊傳江南有李氏者無子一夕夢神託生為嗣因名符後登第歷官知春州致行辭其母曰兒往必不歸矣遽抵官未射木山謁祠下顧瞻門廡若舊所覩未几卒自符之生而廟食廢及其卒而廟復灵以是知符之生祠神之現世也按唐之春州即今之陽春縣是已

搜神記卷之三終

新刻出像增補搜神記卷之四

金陵三山對溪唐富春梓

目録

蔣莊武帝

蔣莊武帝

建康府蔣莊武帝諱子文揚州人也漢末為秣陵尉逐賊至鍾山下擊傷額而死馬及吳先主之初其故吏見子文於道乘白馬執白羽扇侍從如平生故吏見而驚走子文追謂之曰我當為土地神以福爾下民爲吾立廟不尒使虫入人耳為災吳主以為妖言後果有虫入人耳死者甚衆醫巫不能治又云不祀我當有大火是歲數有火災又云不祀我當有大疫吳主患之封中都侯加印綬立廟於鍾山下更名山曰蔣山表其靈異晉蘇峻之難

帝夢蔣侯曰蘇峻為逆當助共誅之後果斬峻加
封相國大元中苻堅入寇望見王師部陣齊整又
見八公山上草木皆類人形憮然有懼色初會稽
王道聞堅入寇以威儀鼓吹求助於蔣山神及堅
望之若有助焉宋高帝永初二年詔禁淫祠自蔣
子文以下皆絕之加至相國大都督中外諸軍事
封蔣王齊永明中崔慧景之難迎神還臺以求福
助事平乃進帝號復新廟宇以廟門為靈光門中
門為興善門外殿曰帝之內殿曰神居梁武帝常
祠而不應遣使以焚其廟未及中途忽風雨大作
振動宮殿帝懼祠之乃止南唐謚曰莊武帝更修

廟宇徐鉉奉勅撰碑備載其事因宋朝會要曰開
寶八年廟火雍熙四年重建景祐二年陳公執中
增修請於朝賜廟額曰惠烈
本朝洪武二十年改建於鷄鳴山之陽刻三吾奉
勅撰記土人曰十廟此其一也

常州武烈帝
封武烈帝

常州武烈帝

忠祐武烈大帝姓陳諱果仁字世威常州晉陵人也聖祖嵩仕陳為羽林郎父季明拜給事中帝於梁太清三年己巳三月望日午時誕生英姿照人有鼎角匿犀之異衆皆奇之八歲能屬文十三徧讀諸史陳太帝天康元年舉進士第對策王階年甫十有八授監察御史遷江西道巡察大使帝智勇絕人精深韜畧仕陳二十有五載以孝以忠德惠萬民威名滿天下入隋不仕煬帝南遊江都群盜並起帝聞其名詔令討盜俾除民害義不可辭奉

命而赦大業五年授秉義尉平長白叛寇進朝請
大夫平江寧樂伯通叛徒十萬授銀青光祿大夫
平東陽婁世幹賊衆二十萬召入拜大司徒大業
末沈法興起兵吳興謀據常郡包藏禍心陽為依
附時賊師李子通集衆數萬屯江北與法興陰為
應援懼帝威勇不敢渡至唐高祖武德二年庚辰
五月十八日法興詐稱疾亟走告於帝不得已往
問疾飲酒中毒馳歸時有高僧懍禪師以醫名聖
召之治療其法當於閑寂無人處水滌腸去毒帝
室沈氏至池上潛窺而觸之帝知不可為遂囑附
懍禪師及軫張二妃俾施所居第并南郊為精舍

東第為崇釋觀言說而薨享年七十有二法興闡
一之自謂得志豈知帝英爽如在忠節愈勵一日黑
雲蔽空風雨晦冥忽見形威發一神矢射薨法興
丕累四請其護國威靈有如此者唐天子封忠烈
公碑封福順武烈王后周加以帝號宋宣和四年
賜廟額曰福順
武烈顯靈昭德大帝　武烈沈后　軫后贊出張夫人
神父啟靈侯
神母懿德臤夫人　神繼母嘉德伊夫人
神子贊惠濟美侯　次子協應濟順侯　神孫慶士
佐神崇大尉名克宏封翊靈將軍

揚州五司徒

揚州五司徒

揚州英顯司徒茅許祝蔣吳五神居揚州日結爲兄弟好畋獵其地舊多虎狼人罹其害山溪畔遇一老婦五神詢問孑然無親餓食溪泉五神請於所居之廬拜呼爲母侍養未久或出獵而歸不見其母五神回急惟虎啖俱奮身逐捕山間有虎迎前伏地就降由此虎患始息居人思其德義立廟祀之凡所祈禱隨求隨應廟今在江都縣東興鄉金匱山之曾至隋煬帝時曾護駕有功封號司徒唐加侯號宋至紹定辛夘逆賊李全數來寇境禱於

坤不吉以神像剖破之不二日全被戮於新塘
躲散落猶全之施於神者賊平師守趙公范親率
僚屬致享祠下以答神貺撤其廟而增廣之錄其
陰助之功奏請於朝賜廟額曰英顯加封至八字
侯後平章賈公似道來守是邦有禱於神者遇旱
暵則飛雨憂霖潦則返照救焚則熖滅散雪則瑞
應其獲國祐民無時不顯復爲奏請加封王號

第一位靈威忠惠翊順王

第二位靈應忠利輔順王

第三位靈助忠衛佐順王

第四位靈佑忠濟助順王

第五位靈勇忠烈楚項王

西楚霸王

西楚霸王

[illegible]

西楚霸王項王羽也廟梔和州東北四十里即其所不渡之烏江也山不高而草木蓊鬱冷然殺氣奪人雖守者絓茅山之麓不敢近焉舊傳廟面江後爲樓有避客以漢家今已屬他人之句慰之廟爲易向宋紹興金主亮欲渡江乞杯珓不從亮怒欲焚廟俄有大蛇遶出屋梁鐵綫抹木鼓噪發声者數千兵亮大驚左右駭散去許表詩

千載興亡莫浪愁　漢家功業亦荒坵
空餘原上虞姬草　舞盡春風未肯休

義勇武安王

義勇武安王

五月十三日生

義勇武安王姓關名羽字雲長蒲州解良人也當漢末與涿郡張飛佐刘先主起义兵後於南陽臥龍岡三謁茅廬聘諸葛孔明牟劃山河三分天下国號為蜀先主命關公為荆州牧不幸吕蒙設計公乃不屈節而亡追贈大將軍葬於玉泉山土人感其德歲時奉祀焉護国祐民廟額曰

義勇武安王宋徽宗加封尊號曰

崇寧至道真君

零陵王

零陵王

王姓唐諱世旻字昌圖本零陵人也世居永州府西南之龍洞唐昭宗時盜起世旻結鄉兵保里閭刘建鋒攻為永州刺史光化初馬殷攻之不屈而死後或聞鉦鼓聲且數晝見甞有一木自洞流出止於石削峰人送之中流詰旦復還如是者數四遣天旱禱而雨遂取其木像而祀之今府城南及石削峰俱有廟甚靈應湖南馬氏享以王爵後宋亦累封焉

惠應王

惠應王

子姓歐陽名祐溫陵太守也舟次卲武之大乾河溺死後人立廟大乾祀之極為神異水旱祈禱其應如響按語夢錄宋李綱嘗詣廟夢神延接讓以主位綱固辭神曰他日更仗主盟及為相值神加封果與署名蔡祖洽赴省試夢神將犬肉一片置几上命食之又精戲下竹一束示之莫曉其义明年作大魁方悟一片犬肉置几上乃狀元二字前者廷對皆出賦題至是始問策竹一束者策字也如此類者不可勝紀今廟曰惠應

威惠顯聖王

威惠顯聖王

神姓伍名員字子胥楚大夫奢之子也平王听誅殺員父奢兄尚子胥奔吳言伐楚之利吳與楚戰果勝焉吳遂入郢員掘平王屍鞭之三百吳伐越勾踐棲于会稽求為臣妾吳王許之子胥諫不听太宰嚭譖員王使賜之屬鏤以死將死曰吳其亡乎吳王聞之怒乃取員屍盛以鴟夷革浮之江中吳人憐之為立祠江上廟號曰

威惠顯聖王

金山大王

金山大王

大王姓霍諱光即漢之大將軍也耆舊傳云吳主皓染病甚煩燥不自禁勅百官遍禮靈祠顯廟罔應忽一日五更夜色將闌晨光欲燦有神附小黄門云病愈病愈同坐者曰汝何神執何事而報是吉凶也神曰臣漢之霍光也金山鹹海風潮為害當統部屬鎮之來為陛下報吉翌日皓疾果愈遂為立廟於嘉興之海鹽縣治東賜廟額曰顯忠俗呼曰金山大王

萬迴虢國

萬迴虢國公

萬迴公者虢州閿鄉人也姓張氏唐貞觀六年五月五日生生而癡愚至八九歲方能語嘯傲如狂鄉黨莫測一日令家人洒掃云有勝客至是日三藏玄奘自西國還訪之公問印度風境了如所見奘作禮稱是菩薩有兄萬年久征遼左母程氏思其音信公曰此甚易爾乃告母而往至暮而還及持書到里驚異左右神兵侍衛崇儼咸亨四年高宗召不應武后賜錦袍玉帶景雲二年十二月八日師卒於長安壽年八十時異香氤氳宋贈司徒虢國公

趙元帥

趙元帥

三月十五日生

姓趙諱公明中南山人也自秦時避世山中精修至道功成奉　玉帝旨召為神霄副帥按元帥乃皓廷霄度天慧覺昏梵炁化生其位在乾金水合炁之象也其服色頭戴鐵冠手執鉄鞭者金遘水炁也面色黑而鬍鬚者北炁也跨虎者金象也故此水中金之象躰則為道用則為法法則非雷霆無以彰其威恭華而豐其府乃元帥之主掌而帥以金輪稱亦而乃金象也元則士奉天門之令策役三界巡察五方提點九州為直殿大將軍為北極

将御史一漢祖天師修煉大丹竜神奏帝請元猛
神吏為之守護由是元帥士奉玉旨復正一玄壇
趙元帥正則萬邪不干一則純一不二是職至重天
師飛昇之後永鎮龍虎名山慶今三元開壇傳度
其趨善建功謝過之人及頑冥不化者皆元帥掌
之故有龍虎玄壇賞罰之一司部下有八王猛
将者以應八卦也有六毒大神者以應天煞地煞
年煞月煞日煞時煞也五方雷神五方猖兵以應
五行二十八将以應二十八宿天和地合二将所
以象天門地户之闔闢水火二營将所以象春生
秋殺之往来驅雷役電致雨呼風除瘟翦祟保病

攘災元帥之功莫大焉至如公訟冤抑神能使之觧釋公平買賣求財公能使之宜利和合但有公平之事可以對神禱無不如意一十天聖號一高上神霄玉府大都督五方之巡察使九州社令都大提點直殿大將軍主領雷霆副元帥北極侍御史三界大都督應元昭烈侯掌士定命帳設使二十八宿都總管上清正一玄壇飛虎金輪勅法趙元帥

彭元帥

彭元帥

元帥姓彭氏諱廷堅嘗尹崇安縣平詣寇盜如摧枯拉朽有功元至正中累官福建宣慰司副都元帥時群寇竊發彭一一削平後以馬蹶遇害群盜創之屍僵立不仆双目上指鬚髮偃動如風颺颺盜不敢近逼者移時事息故吏奉其柩還崇安民哀慕如喪父母立祠肖像以永其祀歲時祭享凡水旱疾疫趨走祈禱神爲降靈如響俗呼之曰彭元帥延及傍邑祠像靈應而如之

潤濟侯

潤濟侯

侯神後魏賀虜將軍也諱原嘗師行屯汾州之白彪山苦燥渴不許水軍心恟恟侯為飯處下馬禱天願伸以死自誓忽馬跑地出泉自是盈源駛液灌溉者資之功利及物久而不磨邑人為立廟於白彪山之前靈應特異宋賜廟額曰永澤封神為潤濟侯

本朝洪武十一年號曰白彪山馬跑泉之神有司春秋致祭

殲濟侯

威濟侯

侯姓李諱祿安吉州長興縣重莊人也於宋徽宗崇寧三年正月十八日甲申生長而異禀性質顓重語不妄發鄉社之人遇有休咎禍福之將至輙能前知而告戒之年十八當宣和三年三月忽預告鄉里鄉社云吾將往山東膠西為國家幹事恐須數年方歸遂端坐而逝其後數有靈蹟見於本鄉如年穀之豐凶蚕麥之得失皆以傳之巫覡殆若印券契鑰不差毫釐於是父老相率為立香火之地而祠祭之寧宗賜廟額曰顯應理宗封威濟侯

靈派侯

靈泒侯

李璠本衛州三用人也周世宗朝為將善騎射於國有功後因病至重有問疾者甚衆公無別語告衆曰我援山東涤河將軍也言訖公卒焉後人立祠於岷至唐玄宗開元年封為

靈泒將軍至宋真宗大中祥符八年封為

靈泒侯

崔府君

崔府君

崔府君者乃祁州鼓城人也父讓與妻虔誠禱於徃岳祈嗣是夜夫妻夢一仙童手擎一合崔讓問之童曰帝賜合中之物令君夫妻吞之言訖舉合蓋視之見美玉二枚夫妻各吞其一覺后有娠十月滿足於隋大業三年六月六日降生一子神彩秀異於常人幼而從學日誦千言不竊群子之戲因名子玉時

唐太宗貞観七年詔舉天下賢良赴都朝廷任用府君ム在內焉各賜縣令出身府君除潞州長子縣

令正直無私察同秋毫郡人皆言知縣晝理陽間
夜斷陰府時五月初間知縣示諭邑人此月望日
及望後一日無得殺生及獵射如犯者官中决折
陰府理問時有潛出廓外射得兎一隻入城門吏
搜住執於庭下問之曰尔等故犯欲以縣庭受罰
陰府受罰其人云乞於陰府受罰以為陰理將遠
言訖各放還家是夜方就枕俄有一黃衣吏喚二
人至於公庭一所廳上却見崔知縣王者冠服檢
諸人罪狀或促其壽或墮其子孫或減其食祿沒
簿善惡自當裁之令還本家遂驚而覺其人乃異
之忽一日門吏報曰鵰黃嶺有猛虎攔路傷人公

遣首吏孟完賫符牒至山廟勾虎其虎出自御符
牒隨吏而至公所崔公責之曰汝乃異類食啖人
命罪當如何其虎聞之觸階而死邑人立生祠祀
之貞觀十七年遷磁州滏陽縣令整太宗陰府君
在之事决楊叟二子負債之冤後迁衛州衛縣令
典奕碁人楊叟同赴任所西南五里有河時夏月
水泛漂溺民田公於河上設壇以詞奏於上帝少
頃間有一巨蛇浮於水面而卒水漸散去郡人亦
立生祠祀焉一日公與楊叟奕碁忽有黃衣數輩
執符而言曰吾奉
上帝命云云次有玉珪玉帶紫服冠簪秀衣五岳衛

旗又有百餘人皆拜畢而立奏簫韶絲竹之音樂
復有一神取白馬至府君曰汝輩少待遂呼二子
曰吾將去世無得大慟取紙筆寫百字銘以訓其
子二子泣拜而授命言訖而卒在世六十四年后
玄宗值禄山亂夜夢神人告之曰願借下駕不可
別方此賊不久而滅又何避之帝問姓名曰臣乃
磁州滏陽令崔子玉帝驚覺后果如其言駕歸闕
下建廟封靈聖護國侯至唐武宗天下大水漲溢
禱之乃止加封護国威應公
宋真宗加封　護国西齊王
高宗避難走鉅鹿馬斃冒雨獨行暮宿大姬家姬約

五皷以包褁彘皮以置馬上請行稍前遇三歧路惑
馬忽見白馬帝異之躡其后晚至靈祠廡下有生
馬瀌之汗如雨困宿夢青衣紫袍人杖擊地促其
亟行驚起遲明發眡紙亭梘板題云磁州都土地
崔府君俄聞珓坠声乃登殿覩像如夢中所見寂
無人惟几上有合内有酒食帝食之將出馬白馬
復前導至斜橋谷馬忽不見益異之而從臣耿南
仲將民兵數千來迎及南渡首為立廟賜額曰顯
衛

伏波將軍

伏波将軍

将軍即漢馬援也南服所在祀之廟在思南府故思州者靈應尤著相傳宋時土人田氏婦夢援來居其宅及娩而生男名祐恭祐恭生有明識為蛮部長徽宗朝内附建炎初受命破劇賊王闢幷保安蜀境爾書嘉勞田氏得世為思州守維時祠不復靈及祐恭卒人有見其帰於馬援祠者自後祠之靈應如初而田之后代有異才人以是知祐恭之生而殁蓋援之出而帰也

密都統

密都統

都統姓密名佑廬州人也神廟在進賢縣西四十里許按傳宋咸淳中密佑為江西都統元兵至隆興佑逆戰至龍馬坪元兵圍之數重佑告其部曰今日死日也若力戰或有生理衆力戰死者過半佑被執元將欲降之終不屈又令其子說之曰父死子安之佑斥曰汝行乞於市第云密都統子誰不憐汝也怡然就死土人因立廟戰所有禱必應靈感倍常

宋刺史

宋刺史

刺史姓宋名益晉青州人也官番禺刺史後棄職隱黃梅縣之黃齡洞有道術能役鬼神救人疾疫罔不靈驗歿而為神人有見其出入者導從如生平乃為立祠洞前以昭其祀歲旱禱雨屢禱屢應如持券而索之人無不與者唐封顯應侯宋加封靈濟昭德顯應侯元加封惠隆善濟顯應侯廟祀祀而重新前代皆然

本朝更定止稱宋刺史之神

卄大夫

茸大夫

大夫姓茸名卓晉時人按傳卓從元帝渡江有功拜豫章太守察民所欲惡而聚之去之政通民和大著治績後領兵萍鄉東死於王敦之難廟食於萍鄉縣之東五十里蓋即其死所也靈應顯著赫耀一方宋時嘗苦旱穀饑月不雨有司遍禱無驗父老有以茸大夫為言前時郡守祖無擇從之沐浴齋戒往謁祠下大雨如霔賴以有秋代加封號

本朝重建祠宇有司春秋祭祀

陸大夫

陸大夫

廟在德慶州之錦石山下有靈應為鄉民福區按夷堅志漢陸賈使南越尉佗與之泛舟至此賈嘿禱曰我若說越王肯稱臣當以錦裹石為山靈報使還遂募人植花卉以代錦後人因立廟祀之宋乾道間蔡法入部艤舟石下夜夢一客自称陸大夫云被抑鬱於此千餘歲夫君幸見臨願留一詩訟其理之蔡禮其廟題詩於壁上而去父老相傳錦石山因陸賈使南越時設錦繡帷帳於此而得名姑記此以附

杭州蔣相

杭州蔣相公

神姓蔣世為杭州人生宋建炎閒樂振施每秋成糴穀預儲貴則賤糶如元價歲歉或捐以予饑者死時祝其二弟曰須存仁心力行好事里人相與塑其像以報仁心所感靈應如響祈小者肩相摩咸淳初賜廟額曰廣福六年安撫潛說友請於朝封神及二弟皆列侯曰

第一位孚順侯

第二位孚應侯

第三位孚祐侯

高黑相公

萬里相公

萬里起相公者乃長安萬里村人也世本農秉耕鋤為公業習科舉登第為人鯁直無私累陳諫事不听公乃觸階而死郡人立其祠今在長安西二十里有墳亦在左近睿宗延和年封公為道列侯俗呼為相公也

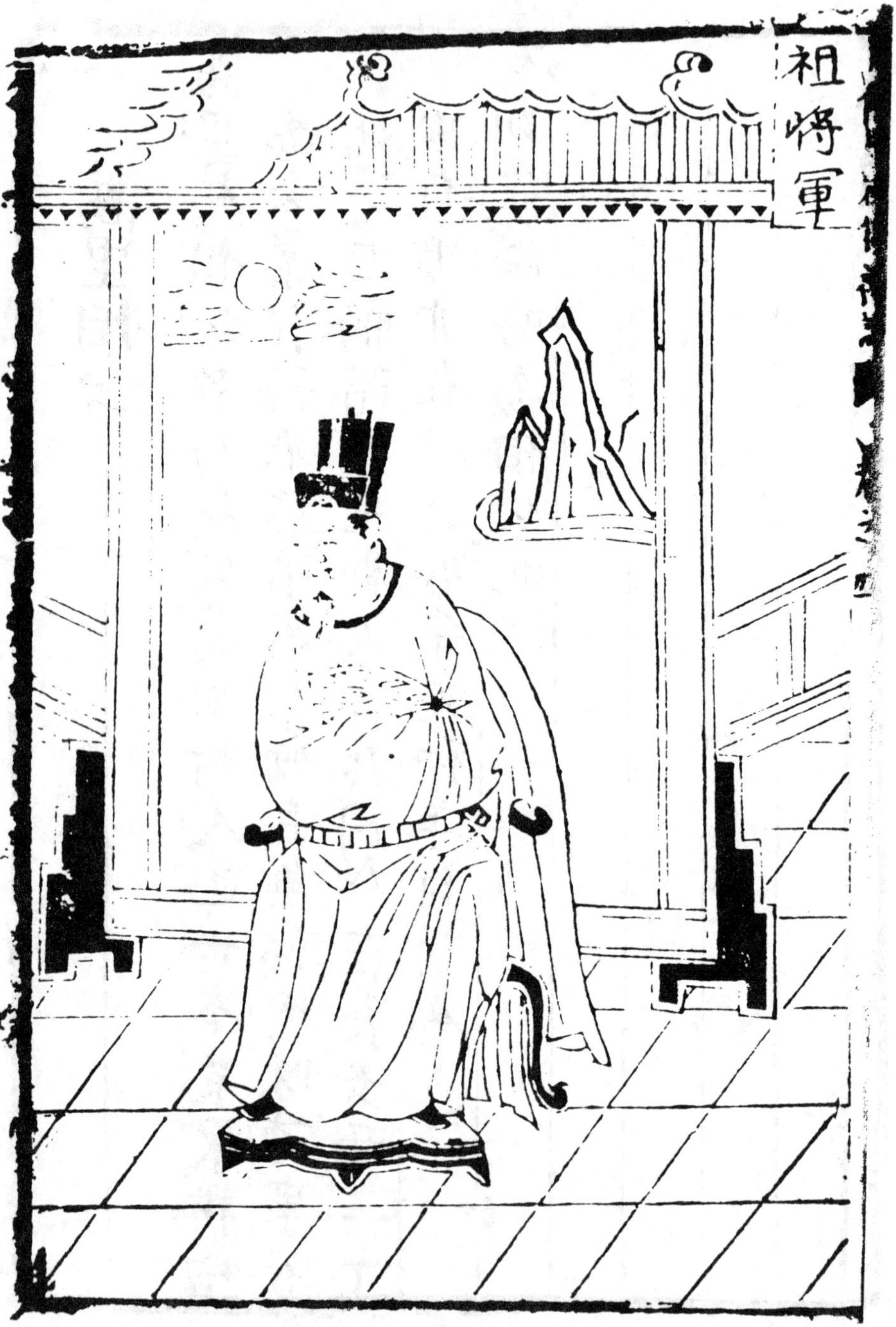
祖將軍

相將軍

將軍不知何許人亦未詳其姓字廟獨立於九江之景星湖塑像儼然代著靈驗居民及舟行者禮拜必慎按唐歐陽詹集云魯国顏公眞為湖州牧州產碑材公載石還次江州蛟奔螭引直至湖心則茂林峭石勢環氣勝有神祠曰相將軍廟公捐金建亭名曰相亭製文勒碑以紀其事昔人過其廟有詩云

青山出沒無還有　綠水浮沉去亦來
為問將軍當日事　却憐埋骨洞庭隈

花卿

花卿

卿姓花名敬定本長安人也廟在眉州之東館鎮按傳花敬定唐至德間從崔光遠入蜀討段子璋有功封嘉祥縣公後又與巨寇州持力戰疾呼從辰入酉部伍已潰落殆盡單騎赴賊已喪其元猶騎馬荷戈至鎮下馬沃盥適浣紗女語曰無頭何以盥爲遂僵仆居民葬之溪上歷代廟祀之靈跡顯赫杜甫歌

成都猛將有花卿　學語小兒知姓名
用如鷹鶻風火生　見賊惟多身始輕

華山之神

華山之神

神有三一晉浮丘翁一其徒王褒一其徒郭炒時稱華盖三仙道場在撫州之崇仁仙華山傑搆為祠高聳雲表大晉靈迹士庶之災異疾疫咸趍禱祠下禱者先期齋戒至期鋪香帛行如貫珠来則膍道去者但拱立道左無敢僭越阿㳅之声連淛四野頗類蘇州太和山之禱詞者然昔人有詩云

嵎翻碧澗泉中石　飛透丹霞洞裏天
更問浮丘何所事　好来東去看蒼田

聶家香火

聶家香火

香火姓聶族于南昌之王家渡相傳聶上世一老嫗甚賢晰有精風鑑者往來止宿其家嫗禮之始終不倦忽其人嘗謂嫗曰當厚報汝家後果指點一穴授之葬且祝曰願代〻陰官自是聶家每代出一靈神顯化感應鄉人爭祀之有聶大官冠服如生聶二官聶三官聶四官聶五官聶六官俱戎裝擐甲又有聶九舍人最幼小為神時人槩呼曰聶家香火

搜神記卷之四終

新刻出像增補搜神記卷之五

金陵三山對溪唐富春梓行

目錄

廣平呂神翁

唐開元中有道士呂翁嘗息于邯鄲縣北之農家遇少年盧生自嘆貧困時主人方炊黃粱翁以枕授生曰枕吾枕當令榮適如意生枕之夢自枕竅中入至其家娶崔氏女甚麗明年擧進士歷官中書令年八十卒及寤顧翁在傍主人炊黃粱猶未熟生起而謝曰此先生所以窒吾欲也後人爲之廟祀之水旱疾疫有禱必應

黃陵神

黃陵神

廟在荊州府夷陵州之西黃牛峽相傳神嘗佐禹治水有功屢有靈驗至蜀漢諸葛亮治蜀老父以其事請亮重其功且異其有神應福庇之及斯民也爲建祠于此一名黃牛廟宋蘇軾詩

江邊石壁高無路　上有黃牛不服箱
廟前行客拜且舞　擊鼓吹簫屠白羊
山下耕牛苦磽确　兩角磨崖四蹄脫
青芻半束長苦飢　仰看黃牛邈難及

黃仙師

黃仙師

仙師姓黃行七上杭人也業巫術能鞭撻鬼魔驅逐妖怪師廟在上杭縣治之西南舊在鍾寮場石峽中後遷於此相傳昔有山精石妖爲害巫者黃七公以符法治之因隱身入於其石不出石壁隱映有人影望之儼若仙師像昔人有詩云

非是神刓非鬼劃　解生烟霧解生雲
仙師一入山頭石　草木蒙茸度幾春

江東靈籤

江東靈籤

正月初八日畢

籤神姓石名固秦時贛縣人也歿而為神或陰雨雲霧或夜深淡月微明鄉人往往見其出入騶從如達官長者蓋受職陰司而有事於綜理云人為立廟設以珓珓往問吉凶受命如響人益驗其靈應為若韻語百首第以為籤神衆之以應人卜愈益無不切中廟在贛州府城外貢水東五里因名曰江東靈籤世傳以為美名云

本朝宋濂為文以記其事

協濟公

協濟者二神也神姓曾氏兄弟二人平生重氣節輕財樂施至於友愛尤篤當三國時兵戈擾攘相持隱遯於青陽之九子山即今之九華山是也既歿顯靈翊聖為民災災捍患大著功績邑人異而德之為立二廟分祀二神一在九華山之東二在九華山之西宋大觀間賜額曰協濟祠至今祀之益虔祈禱累應

靈義侯

靈義侯

侯姓荀氏未詳其名鳳翔府之隴州人也有祠在隴州治左其碑刻云唐大曆二年故郡壘壓於汧水荀氏以地為城因遷其城於此軍吏稱便故立祠祀之神益著靈顯凡有禱祈應驗如響宋封靈義侯賜廟額曰安俗

本朝益新其制而充拓之凡祀者遝至

張昭烈

張昭烈

昭烈姓張氏五代時滑臺人也歿而為神有顯應廟在浪州府之黔陽縣宋時有賊潘宗岩領衆來攻城未及至遠望見出城諸軍或青臉獠牙或紅鬚絳縯或牛頭馬面四手双叉長者丈餘矮者不滿二三尺跳叫蜂湧噴火騰烟千態萬狀鬼魅妖魔馳驚急走自相踐踏遂解散遠去後黄安俊曹成俱來攻城竟不失守皆神之力也詔封為王廟號照烈

本朝益崇祀之

張七相公

張七相公

相公姓張行七宋時麻城縣人也嘗就異人學道術得其要領能呼役鬼神知幽冥事故以毀沿江諸廟繫獄適城東南隅有火災蔓延什百家一城騷動相公出自獄中騎白馬執短棍指東東滅指西西滅南北各然火患之息遂長行至城西北五腦山人馬俱化聞於官檢獄吏視之則獄戶儼扃如故闔城驚異之乃即其化所爲建廟相傳禮拜士人衣物隨委於道無敢拾之者間有奸頑則迷道不知所出顯應一方爲最云

耿七公

耿七公

公廟在揚州府高郵州之西北一十五里昔相傳公爲東平梁山泊之里人生負俠氣撫劍一呼髮直上指有古賁育風泊里最號英雄藪澤而公衝擲其間渠魁且下風而北面之矣按戎馬南下病歿於州境大著靈異凡有禱輒應宋賜號曰康澤侯迄今居民暨舟行者皆致祭

孫将軍

孫將軍

將軍姓孫氏名山五代時人也廟在寧化之縣治西凡遇疾旱禱之即應相傳昔有盜民首飾若干者慮無以自辨乃匿其物於神之座下尋往視之首飾忽不見往復者再而杳無所覓疑其為他人之所得也浹旬失主之家互相維併乃質誓於神甫稽顙見磚縫有黃白色發視之則故物也多著靈

續宋李綱詩

不愁苦瘴長南謫　滿願靈旗助北征

酹徹一杯揩淚眼　烟雲何處是三京

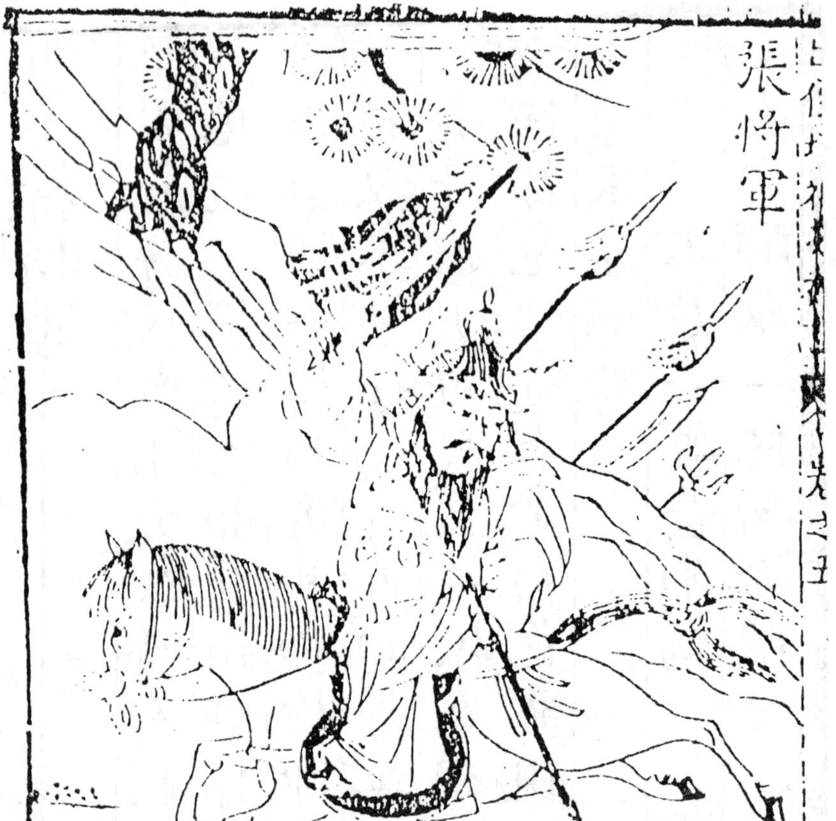
張将軍

張將軍

將軍姓張名孝忠淮士也廟在饒州府安仁縣之王真山按元兵至安仁提刑謝枋得調忠孝禦之陣於團湖坪相持數日大戰者屢矢盡忠孝揮雙刀擊殺百余人尋中流矢死賊入安仁忽夜半城東吶角鼓角齊喧喊聲騰湧若千軍万馬狀賊將急起視之時微月淡星見將軍騎白馬舞雙刀雲霧中往來衝突賊將拜而謝焉事定土人時見其持刀走馬長恨不平乃為立祠於死所祀之数著靈異元歐陽言有記

順济王

順濟王

廟在新建縣之吳城山世號小龍云相傳即是許二真人所誅大蛇子宋封順濟王有真宗御製戒蛟石刻熙寧中遣太常林希逆致祭即有異蛇墜祝上翌日行礼蛇引首望礼畢出循几案俄循入帳中及希還蛇復尾軸艫送至彭蠡而沒後蘇軾自儋耳北歸艤舟祠下忽得古石砮矢於岸側持觀左右失手墜江中乃禱於神許留廟中使人沒水求之一探而獲因為之記

橫浦龍君

橫浦龍君

龍君姓字未詳廟在江西之南安府治稱橫浦者古郡名也按言行録橫浦炎方雖窮冬無雪故瘴癘為多有龍君廟所祈必應張九成曰吾無職隸而歲耗廩祿益思所以惠之因禱焉朝暾杲然而陰雲倏起晡時雪已寸積邦人咸駭異之時九成為礼部侍郎秦檜惡其言事諷守郡州又諷言者論其謗訕朝廷再謫南安軍故其致祝於龍君者如此云

本朝重建其廟祀事益崇

順濟王

道州五龍神

廟在道州五龍井側按晏殊類要云唐陽城出守道州至菜陽有五老人來迓自云春陵人城與之帛問其所居曰居城西北五里至則訪焉惟有五龍井帛猶存因為立廟屢顯靈異廟額曰崇應黃大嘗題其壁云

山蒸龍眠忽醒　黃衣老人岩下行

手持屈曲千歲藤　慮驚世人藏姓名

昭靈侯

昭靈侯

臨靈侯南陽張公諱路斯隋初家於頻上縣百杜村年十六中明經第唐景龍中為宣城令以才能稱夫人石氏生九子自宣城罷歸常釣於焦氏臺之陰一日顧見釣處有宮室樓殿遂入居之自是夜出旦歸〻輒體寒濕夫人問之公曰我龍也蓼人鄭祥遠者亦龍也與我爭此居明日當戰使九子助我領有絳綃者我也青綃者鄭也明日九子以弓矢射青綃者中之怒而去公亦逐之所過為谿谷以達於淮而青綃者投於合淝之西山以死白

龍穴山九子皆化爲龍而石氏葬閩洲公之兆焉馬步使若子孫散居潁山其墓皆存焉事見於唐布衣趙耕之文而傳於淮潁間父老之口載於歐陽文忠公之集古錄云自景龍以來潁人世祀之於焦氏塋乾寧中刺史王敬莞始大其廟有宋乾德中蔡州大旱其刺史司趙闓公之靈築祠於蔡既雨翰林學士承旨陶穀爲記其事蓋自淮南至於陳蔡許汝皆奔走奉祀景德中諫議大夫張秉奉詔益新潁上祠宇而熙寧中司封郎中張徽奏乞爵號詔封公昭靈侯石氏柔應夫人廟有穴五往往見靈異出雲雨或投器穴中則見於吧泐野

歲有得蛻骨於池者金声玉質輕重不常今藏廟
中元祐六年秋旱甚郡守龍圖閣學士左朝奉郎
蘇軾迎致其骨於西湖之行祠與吏民禱焉其應
如響乃益治其廟

仰山龍神

仰山龍神

神二龍也廟在袁州府之仰山相傳昔有邑人徐璠舟行過大孤山有二蒲生云居宜春仰山遂同載而歸至浦東告別期至石橋相訪後徐至其處見二龍乃知為仰山神唐會昌中一夕雷雨移廟於郡南文明鄉宋賜祠額曰孚惠元重修袁人事二神至謹禱無不應

本朝封人仰山之神春秋祀之又分宜之鈐岡亦有行祠相傳即神維舟處

黃石公

黃石公

神祠在東阿縣穀城山之陽昔漢張良于下邳圯橋遇老父踑踞令良進履良極事之老父喜曰孺子可教授良書一編且謂曰後十三年濟北穀城山下黃石即我也後良讀其書用其策佐漢高帝誅秦滅項天下大定封留侯果於穀城山而得之良寶而立祠以祀焉

本朝益充拓其廟令有司歲以三月十八日致祭

石神

石神

神廟在廣州之府城東相傳昔人有漁于海者見一磐石浮潮而至心知其為神因祝曰君得魚則所祈當立祠以報果如所祝遂舁石而歸謀立廟所至揚梅山繩忽斷石亦不可復移即其繩斷處誅茅立柱壯以祠焉凡水旱札瘥禱之輒應昔人嘗其廟題詩於壁間云

巨鼇手擘混沌開　靈石屹向蒼溟立

太陰六月飛雪寒　蛟螭夜舞波濤泣

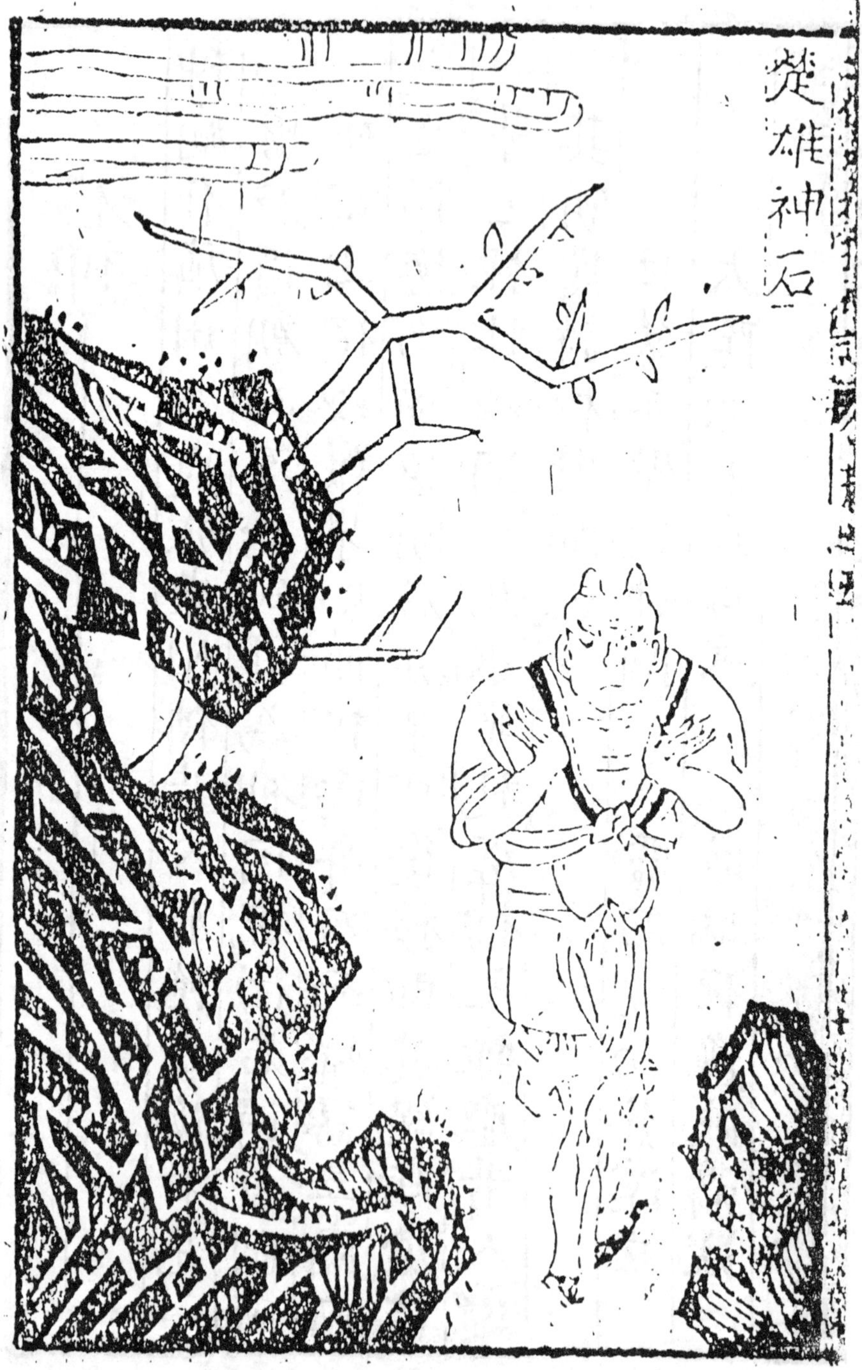
楚雄神石

楚雄神石

在楚雄者有二一在南安州西五里巨石高十余丈彝氏號爲南嶽社盟安遊之神土人每歲以金貼其頂有禱輒應一在楚雄縣西南三十里碌摩山頂屹立似人高八尺許頂突出如斜戴笠之狀土人以金貼其面事之甚謹昔人有詩云

安知金馬碧雞外　別有嶙嶙盤荒陬

陰崖猶遺太古雪　神石一生千萬[illegible]

石龜

石龜

在興國縣之儒林鄉石圓如龜頭背俱備彷彿八卦形象逐月隨斗杓旋轉土人疑其怪移置他所翌日復歸其處累驗皆然因時祀之

鍾神

鍾神

廣州之城南七里有水飛激成淙廣接江通海歲旱鄉人多祈雨於此相傳宋政和間靈覺寺鍾一夕飛去寺僧來知雷雨聲震不知鍾之所之詰旦鍾忽懸空而下視之鍾循沿湿自是湾傍居民言湾中每夜有鍾声知其必與龍戰寺僧為鑿去頂上龍角乃止居人遂名其湾曰鍾湾至今湾中遇風迅疾則有一物大如車輪黯黑色湧出波心吼吼自在識者謂其為鍾神云

馬神

馬神

神名步主為災害馬人為立廟祀之按周禮校人冬祭馬步即此故其註云馬步神之為災害馬者有廟在武昌縣南之樊子湖上舊俗以仲月祭於大澤用剛日給縣人舉以五月五日競渡時祭享於廟蓋亦是之故俗云昔人有詩

吳王宮殿作飛壁　野鳥幽花各自春
樊子湖邊偷戰馬　也曾叱咤武昌人

青蛇神

青蛇神

有祠在慶陽府之環縣初廟志云唐節度使楊朝晟下次方渠築城合道木波以遏吐蕃路苦乏水有青蛇降險下走視其蹟水從而流朝晟因命築防環之遂為停淵士飲仰足吐蕃眾悉衆引去朝晟大異之上其事於朝詔立祠以祀之仍命泉曰應聖神著顯應士民爭奉牲帛遠近水旱疾疫多禱之

金馬碧雞

金馬碧雞

二神也金馬神廟在金馬山西碧雞神廟在碧雞山東按漢宣帝時方士言益州有金馬碧雞可祭祀而致遣王褒往祀之至蜀而卒顏師古謂金形如馬碧形如雞蓋金馬碧雞二山對峙中隔滇池蒼崖萬丈綠水千尋月印波澄雲横絕頂雲南一佳景也故二神依之以靈化顯應元張雄飛詩

北闕辭丹鳳　南雲看碧雞　紫台移玉座
瑶草濕金泥　雨霽龍歸洞　風生虎渡溪
尋梅穿竹逕　採藥躡松梯

金精

金精

金精金星之精也相傳漢時常都縣張姓者名金英生女曰麗英生禀聰慧能先事言民間休咎去縣之西北廿五里有山岑崔嶷然一方年十五入山修煉遂得道長以上界爲閒而聘爲麗英弗許乃昇山之高處始曰山有石室中通洞天吾能鑿之當相見也爲之鑿其攻鑿既通見女乘紫雲在半空語曰吾爲金星之精特降治此山耳言訖而去後人因名其山曰金精山道家以是山爲第三十五福地

火精

火精

六月二十三日生

神姓宋名無忌漢時人也生有神異後而為火精唐牛僧孺立廟祀之以禳火災廟在武昌府之城東七里本曰宋大夫陽其避諱改稱大惠侯唐韋建除武昌軍節度使將行夢一朱衣逆者導從數十騎卬卬然謂韋曰公將鎮鄂渚僕所居頹毀非公不能葺治及至訪無忌廟其像即夢中所見遂撤而新之宋紹興中知州王信復充拓其制

本朝亟建俗云火星堂今江東各所之火星廟皆其神也

陳寶

陳寶

有祠在鳳翔府寶鷄縣之東二十里史記秦文公獲若石於陳倉北阪城祠之其神來常以夜光輝若流星從東南來集於祠城則若雄鷄其聲殷殷云野雞夜雊祀以一牢命曰陳寶唐人有詩云

一水悠悠去似緜　兩山如画翠眉横
扶風野渡帰吳嶽　陳寶斜陽入渭城

黑水將軍

黑水將軍

鳳陽府城之北門外逼近淮河數崩決爲民患宋嘉定間郡守柴將軍著鑄鉄將軍像刻云濠州之北淮河之邊千欲鎮守億千萬年自是河患寧息於是立廟覆其上居民爭先祀之有禱必應

木居士

木居士

神無姓名不記其朝代刻木為像廟在耒陽縣之東二十里相傳昔有火穿木類人形泝水而來寺僧遂祠以奉之唐韓愈詩

火透波穿不計春　根如頭面幹如身
偶然題作木居士　便有無窮求福人

宋時縣令因祈雨無應議欲折而薪之不移時大雨需足賴之有年令為重其祀而新其廟神益感應如響

本朝重建

磨嵯神

廟在施州衛之西按衛城西南與洛浦蠻接壤洛浦蠻猶桀驁數為邊患有將孟蜀者率兵討之累戰弗捷蜀抱憤悶從中軍拖戈而寢忽夢一神人自陳我磨嵯大王是也知公戰未利願效一臂之勞蜀亦朦朧禮謝既覺急視之猶聞有刀馬聲明日臨陣洛浦蠻來披靡如前後受敵狀遂解散稽首降附神自是靈跡顯著施民所在祀之無不感應

黃魔神

黃魔神

神亦不詳朝代姓字廟在荊州府之歸州峽靈通顯應一方瞻依係按寰宇記唐咸通中蕭遘自右史竄黔南泝三峽抵歸夢神人曰我黃魔神也居紫極宮西北隅將佑助公出此境又廟記載李吉甫自忠州除替峽漲洶怒忽有神人湧出水上爲之扶舟李問是何神答曰我黃魔神也又宋寇準經從此灘亦有神扶船而下準問之神自號黃魔蓋其神通顯化屢有若蹟不能具紀姑記其略者如此云云

向王

向王

王姓向名輔歸州之東陽人也王母依氏夜夢一巨星入手燁燁有光口而吞之覺後有孕懷二十六月而生王初生不能言七入週見一道士書符即令其衣疾呼之曰我我自是語言如成人長益有道術呪水符法不襲人舊而自無不驗後而為神於所生之地穿山鑿石或浚入下山之東即出下山之西無問其高與厚亦若何或時而擘石隱身其內顯著靈異不可枚舉鄉人立祠祀之有禱即應

竹王

竹王

王即夜郎侯也廟在施州衛城東南之東門山下按華陽國志初有女子浣于遯水有三節竹流入足間中有嬰兒声剖竹得男收養之及長材武自立為夜郎王以竹為姓漢武平西南夷王彼夷獠請立後天子乃封其三子為侯死後配食於父之廟宋崇寧中賜廟額曰靈惠後其子孫叓延崇祀益謹

本朝正祀典止称曰夜郎王之神

槃瓠

槃瓠

槃瓠狗神今長沙武陵蠻之祖廟在盧溪縣之武山按高辛氏有犬戎寇募能得犬戎吳將軍頭者妻以少女時帝有畜狗名曰槃瓠遂入山啣人首赴闕下果吳將軍頭也帝大喜然槃瓠畜類不可妻欲他報之女聞以為信不可失請行帝不得已從之槃瓠得女負入南山石室中踰三年生六男六女槃瓠死男女自相婚配毋婦以狀白帝使迎置諸子衣裳斕斑言語侏儺其後滋蔓今武陵蠻是也至今土俗不食犬肉廟有威靈

搜神記卷之五終

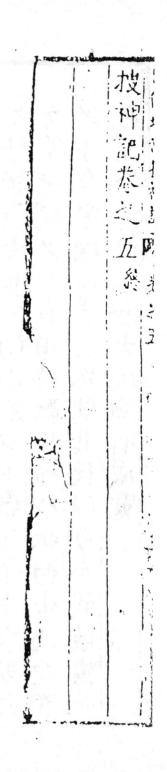

新刻出像增補搜神記卷之六

金陵三山對溪唐富春校梓

目錄

天妃

天妃　三月二十三日生

妃莆人宋都巡檢林愿之女生而神靈能言人禍福歿後鄉人立廟于湄洲之嶼上在興化之東南海中與琉球國相望宋宣和中路允廸浮海使高麗中流風大作諸船皆溺獨允廸所乘舟神降於檣遂獲安濟歷代累封至天妃

本朝洪武永樂中凡兩加封號今府城中有行祠有司春秋祭焉昔人詩

星斗斜連北　蓬瀛直指東
秋高洲嶼白　日出海波紅

蚕女

蠶女

馬辛時蜀有蠶女不知姓氏父為人所掠惟所乘馬在女念父不食其母因誓於衆曰有得父還者以此女嫁之馬聞其言驚躍絶韁而去數日父乃乘馬而歸自此馬嘶不止母以誓衆之言告父父曰誓於人不誓於馬脫我之難固大功所誓之言不可行也馬跑父怒欲殺之馬愈跑父射殺之曝其皮於庭皮蹶然而起卷女飛去旬日皮棲於桑上女化為蠶食桑葉吐絲成繭以衣被於人一日蠶女乘雲駕此馬謂父母曰上帝以我心不忘義授以九天仙嬪

青衣神

青衣神

青衣神即蠶叢氏也按傳蠶叢氏初為蜀侯後稱蜀王嘗服青衣巡行郊野教民蠶事鄉人感其德因為立祠祀之祠廟遍於西土罔不靈驗俗稱呼之曰青衣神青神縣亦以此得名云求謝枋得蠶詩

蠶口資身賴以桑　終成王道澤流長
吐絲不羨蜘蛛巧　飼葉頻催織女忙
三起三眠時化運　一生三災命天常
待看獻繭盆繅后　先與君王作衮裳

神女

白水素女

素女天神也。昔閩人謝端。有淑行。居室寒素。一日出江邊。見一大螺。偃仰狀如斗。異而愛之。因載之以歸。畜且珍焉。每外耕端罷歸。返則盤飧羅具如賓筵。端甚疑惧。偵諸長老。或告之曰。此必若而有異焉也。端乃悟其為螺。竊伺見一妹麗甚。端前禮問其故。神亦不隱。遂應之曰。我天漢中白水素女也。天帝遣我為君具飲食。今限滿當去。故為君所窺我去。留殼與君。端用以居粮。其米常溢。今福州西北三十里有螺江。其得名由此云。

馬大仙

馬大仙

大仙姓馬氏。衢州府景陵縣人也。家貧養姑孝。傭身以資薪米。恒苦不給。艱險備嘗。略無倦息。一日遇異人。授以仙術。祝之曰。感汝孝養。持此代菽水之懽。毋輕語。大仙如其術。月給膳養。不勞餘力。自是姑得所養。善所終。未幾而大仙亦隨之以示寂矣。鄉人重之。為立祠以求其祀。凡禱多應。水旱疾疫如轉圜然。有李陽冰所撰碑記。及
本朝誠意伯劉基亟脩馬大仙廟記

聖母

聖母

聖母海陵人長適杜氏云性好善師劉綱學仙術道成杜氏子不之信告官拘以圖圄頃之聖母已從窻隙中出去高入雲中人為立廟奉祭每表靈驗嘗有一青鳥在祭所人有所祭鳥為飛逝鳴鳴若鑒受狀有所失問其所在鳥即集盜物之處以此道不拾遺元大德初更立廟於揚州江都縣之東六十里應響愈著

本朝加勅封焉

温孝通

溫孝通

孝通姓溫氏，秦女也。廟在臨江府之新淦縣南八十里峽江鎮。相傳秦時有溫媼，經程溪得巨卵，藏於家。生七龍，放之江。媼或時至江口，龍輒獻嘉魚若祭養然。後媼死，葬於程溪之側。將祀，一夕雷電風雨交作，走石飛沙，詰旦，人見墓遷於岸北之高岡。鄉人異之，為立祠堂。唐賜廟額孝通。元揭斯有記又云，溫媼閩城人。唐太和間盧尋嘗夢媼謂曰，君將為江西縣令，後果宰分宜，更為立廟，盧肇記

孝烈將軍

孝烈將軍

將軍名木蘭。楚朱氏女也。代父西征。頗着勞勣。既歿人為立廟。唐封孝烈將軍。今黃陂縣之木蘭山。及保定完縣。俱有廟在。靈應如響。蓋黃本桑梓而完即其西征所云。按古樂府詞。唧唧復唧唧。木蘭當戶織。不聞機杼聲。唯聞女嘆息。昨夜見軍帖。可汗大點兵。軍書二十卷。卷卷有爺名。阿爺無大兒木蘭無長兄。願為市鞍馬。從此替爺征。

靈澤夫人

靈澤夫人

夫人姓孫氏吳王權之妹。蜀漢昭烈帝之后也。相傳權用周瑜詐計。迎后於荊州。舟次荻港。后乃識其詐。遂自沉江。又云聞昭烈帝崩。哀毀投江自盡。後人立廟於蟂磯山之上。葢其藏所。即今蕪湖縣西是也。歷著靈異。我

太祖高皇帝龍飛渡江。陰兵冥助。既

登極。勅封靈澤夫人。葢新廟貌。有

御製律詩。刻於廟額。騷人墨客遊有唫咏。至今為大江中一奇跡。而神逾應響云。

順懿夫人

順懿夫人

按楓涇雜錄云唐大曆中閩古田縣有陳氏女者生而穎異能先事言有無輒驗嬉戲每剪鳶蝶之類噀之以水即飛舞上下滴水為尺許牛馬呼呵以令其行止一如其令飲食過啻升斗輒盡或辟穀數日自若也人咸異之父母亦不能禁未字而殁附童子言事鄉人以水旱禍福叩之言無不驗遂立廟祀焉宋封順懿夫人代多靈跡今八閩人多祀之者

孫將夫人

梁將夫人

夫人姓虞有廟在英德縣之麻寨岡舊傳唐末黃巢破西衡州虞氏舉族披甲冑率兄弟及鄉兵戰禦巢賊逐北奚氏亦死鄉人即其死所立廟祀之大有靈應宋嘉泰間有賊將統衆道經麻寨岡忽有風雷雨電目眩不止賊大懼棄甲戎兵而去鄉里賴以無恐事聞賜廟額曰靈助嘉定間又小有警鄉兵詣于廟而出戰兵自三擒賊為解散加封正順顯佑夫人林丁升作記及宋末之乱亡兵殘燬惟英德遠近安堵說者謂皆神之功也

戚夫人

誠敬夫人

夫人洗氏高涼人陳高州太守馮寶妻隋初平陳嶺南共推洗氏為主保境拒守既而降隋厥后高州刺史李遷仕及番禺夷王仲宣等反夫人久皆討平之累封至譙國夫人卒謚誠敬廟在今電白之縣治東旁邑俱有行祠無不響應宋蘇軾詩

馮冼古烈婦　翁媼國于茲　策勳梁武后
開府隋文時　三世更險夷　一心無磷緇
錦繖平積乱　犀渠破余疑

本朝洪武初封為高涼郡夫人歲以仲冬月祭之

姚娘

姚娘

姚氏名貞淑漢河平開居民女也廟在博羅縣東莫村歿而有神故祠於此宋陳堯佐推守惠州攜潮士許申偕行艤舟於岸俄有介冑百輩指呼甚嚴云今夕丞相遣使會宿於此少有疏虞不宥堯佐異之明日訪其地有姚娘神廟在焉后堯佐拜相中任本路轉運使一如其言又博羅之西梁時陳氏女父應志年八十卒獨一女女哀毀過甚亦卒鄉人像而祠之漢封昌福夫人其神頗靈禱雨有應

曹娥

曹娥

娥上虞人父名盱能絃歌為巫祝漢安初五月五日於縣江泝湖迎神溺死不得屍娥年十四乃沿江號哭晝夜不絕聲旬有七日遂投江而死元嘉中立廟於紹興之府城東邯鄲子作碑文蔡邕題云黄絹幼婦外孫虀臼即此廟著靈應鄉人崇祀之不置　又邑有朱娥者育於祖媪里人有欲殺媪者娥年十歲突前持救被刀十餘以死肖像配享曹娥云

二孝女

孝女府侍人金鄕葛祐女也邑有銀塲與其事者即祐銀耗竭産不能償二女不忍其父荼毒赴冶而死父得釋塲亦爲罷後有一少年讀書於邑之翠雲寺時漏下三更月明雲淡聞有笙鏞聲來自西北推户視之見祥雲瑞靄掩映廻環導從旌蓋二一如昭儀然有二女仙端坐其上少年急避之二女呼謂之曰毋恐我葛氏女也上帝嘉我孝行授以玉清宮正乙之職今將歷十洲謁王母善爲我語家人少年異之人爲立廟最靈應云

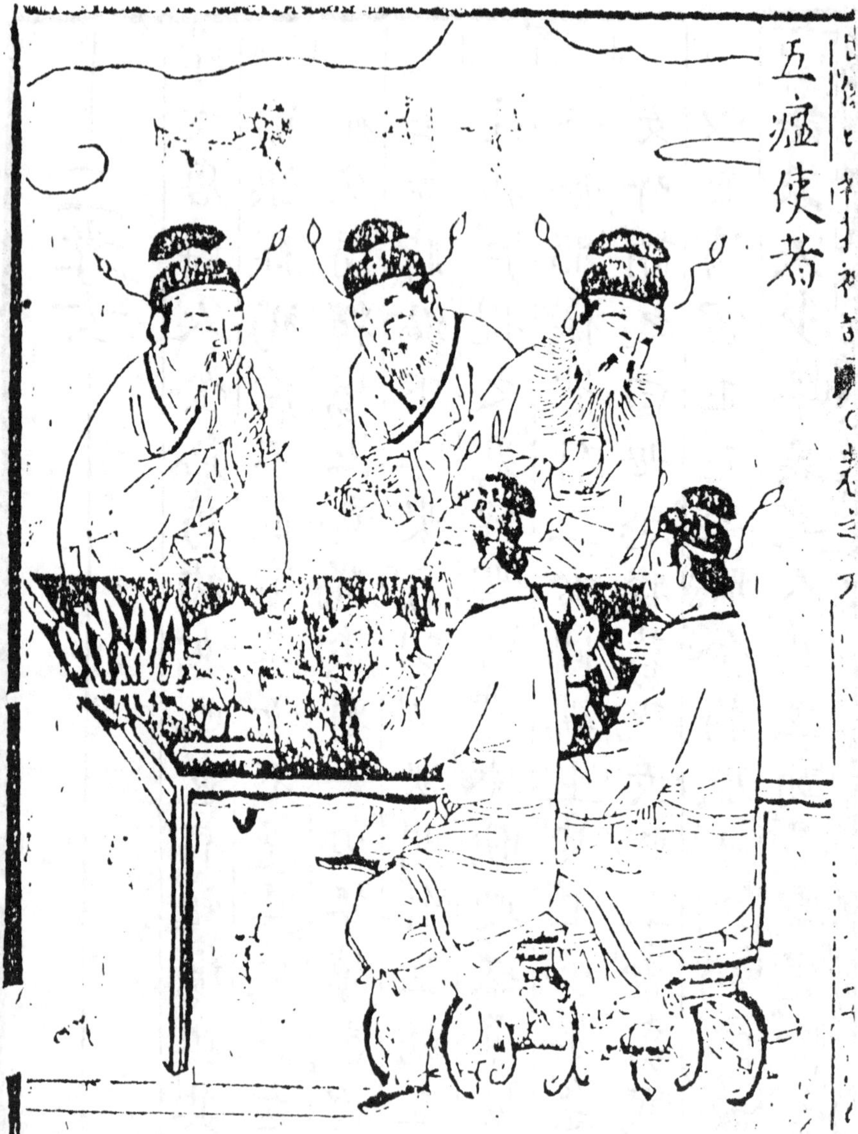
五瘟使者

五瘟使者

九月初三日生

隋文帝見五力士凌空三五丈長身披五方袍一人執杓子罐子一人執皮袋并劍一人執扇一人執錘一人執火壺帝問太史居仁曰此何神注何災福張居仁奏曰此五方力士乃天之五鬼名曰五瘟使者現之則民有瘟疫帝曰可治而免乎居仁曰無法可治於是國人病死者衆帝乃立祠詔青袍力士封顯聖將軍紅袍力士封顯應將軍白袍力士封感應將軍黑袍力士封感成將軍黃袍力士封感威將軍隋唐皆用五月五日祭之

五盜將軍

五盜將軍

五盜將軍者即宋廢帝永光年間五盜寇也於本地方作亂為盜後景和三年帝遣大將張洪破而殺之於新封縣之北後五人又作怪降禁於宛之鄉祭之者皆呼為五盜將軍即今時之所謂賊神是也

一杜平　二李思　三任安　四孫立

五耿彥正

掠刷使

掠剩使

掠剩使者姓裴名璞杜陵韋元方外兄也璞任邠州新平縣尉元和五年璞卒於官長慶初元方下第將客於隴右出開遠門數十里抵偏店將憩見前武吏躍馬而來騎從數十而貌似璞見元方若識而急下馬避之入茶邸垂簾於小室中其徒御散坐簾外元方疑之亦入其邸及窺簾入見真裴璞也元方驚喜拜之曰兄去人間復効武職何也陰吏之赳赳如此乎璞曰吾為陰官職掌武士故武飾耳元方曰何官曰隴右西川掠剩使耳曰何所

典耶曰吾職司人剩財而掠之元方曰何謂剩財僕曰人之轉貨求丐也命當得此忽遇物之稍稀或主人深顧所得乃踰數外數外之財即謂之剩故掠之焉元方曰安知其剩而掠之僕曰主人一飲一酌無非前定況財寶乎陰司所籍其獲有限獲而踰數陰吏乃側而掠之也元方曰所謂掠者奪之於囊耶竊之於懷耶僕曰非也當數而得止一有成數外之財為吾所遣或令虛托或索橫挐或買賣不及常價殊不関身亦始吾之生也嘗謂商勤得財農勤得穀士勤得祿只歎其不勤而不得也然則覆舟之商旱歲之農屢空之士豈不勤

乎而今乃知勤者德之基學者善之本德與善乃
理身之道耳亦未足以邀財而求禄也子之逢吾
亦是前定合得白金二斤遇此遺子又當復掠敓
不敢負子之是行也故甚厚而分甚薄於涇殊無
所得諸鎮平乎爾人生有命時不參差以道靜觀
無復躁撓勉之式璞以公事須入城中陰冥迷塞
不及多言乃冉冉而別

增福相公

增福相公　九月十七日生

李相公諱詭祖在魏文帝朝治相府事白日晉陽開决斷邦国冤滞不平之事夜判陰府是非枉錯文状兼管随朝三品以上官人衣飲禄料及在世居民每歲分定合有衣食之禄至後唐明宗朝天成元年贈為神號

增福相公

福祿財門

福祿財門

福祿者本道州刺史楊公諱成字普滿武帝愛道州矮民以為宮奴玩戲其道州民生男選揀侏儒好者每歲不下數百人使公孫父母與子生別自刺史楊公守郡以表奏聞天子云臣按部與本土只有矮民無矮奴也武帝感悟省之自后更不復選郡人德之立祠繪像供養以為本州福神後天下士庶皆繪像敬之以為福祿財門之神

門神

門神

神即唐之秦叔保胡敬德二將軍也按傳唐太宗不豫寢門外拋磚弄瓦鬼魅號呼六院三宮夜無寧刻太宗懼以告群臣叔保奏曰臣平生殺人如摧枯積屍如聚蟻何懼小鬼乎願同敬德戎裝以伺太宗可其奏夜果無警太宗嘉之謂二人守夜無眠因命畫工圖二人之像全裝怒髮一如平時懸于宮掖之左右門邪祟以息後世沿襲遂永為門神云西遊記小詞有本是英雄豪傑舊勳臣只落得千年稱户尉萬古作門神之句

神荼、鬱壘

神荼 鬱壘

東海度朔山有大桃樹蟠屈三千里其卑枝向東北曰鬼門萬鬼出入也有二神一曰神荼一曰鬱壘主閱領衆鬼之出入者執以飼虎於是黃帝法而象之因立桃板於門户上畫神荼鬱壘以禦凶鬼此頭桃板之制也蓋其起自黃帝故後世畫神像於板上猶於其下書左神荼右鬱壘以元日置之門户

鍾馗

鍾馗

唐明皇開元中講武驪山還宮疾作晝夢一小鬼絳衣犢鼻跣一足履一足盜太真繡香囊及上玉笛繞殿奔戲上叱問之小鬼曰臣乃虛耗也上曰何謂虛耗小鬼曰望空虛中盜人物耗人家喜事上怒欲呼武士忽一大鬼頂帽藍袍角帶朝靴先刳小鬼目後擘而啖之上問何人奏曰臣終南山進士鍾馗應舉不捷羞歸觸殿階而死奉旨賜綠袍葬我感恩然誓與王除天下虛耗妖孽言訖夢覺疾瘳詔吳道子圖其像

司命竈神

司命竈神 八月初三日生

神姓張名單字子郭狀如美女夫人字卿忌有六女皆名察即六癸女也白人罪狀大者奪紀二三百日小者奪筭一二百日故為天地督使凡治竈於屋中央口向西竈四邊令去釜九寸以塼及細土構之勿令穿折竈神以壬子日死不可用此日治竈五月辰日猪頭祭竈令人治生萬倍利益雞毛入竈有非禍犬骨入竈出狂子正月己巳日白雞祭竈宜蚕五月己丑祭竈吉四月丁卯日祭竈吉神衣黃披髮從竈中出知其名呼之可除凶惡云

厕神

廁神

廁神者萊陽縣何氏女名媚字麗卿自幼讀書辨利唐垂拱三年壽陽刺史李景納為妾其妻妒之遂陰殺之置其屍於廁中魂遊不散如廁每聞啼哭声時隱隱出現且有兵刃呵喝狀即是大著靈異人為屍祝之懸箕而降能知禍福神死於正月十五故獨顯靈於正月也

開路神

開路神

神即周禮之方相氏是也相傳軒轅皇帝周遊九垓元妃嫘祖死於道令次妃姆如監護因置相以防夜盖其始也俗名險道神一名阡陌將軍一名開路神

律令 令平声

雷部徒兒善走與雷相疾速故符咒云急急如律令訓此

翁仲二神

翁仲二神

魏明帝鑄銅為二神人號翁仲置司馬門外按古長人見為國亡長狄見臨洮為秦亡之禍始皇反以為祥鑄銅象之

新刻出像增補搜神記大全／（明）・無名氏撰--影印本--
臺北市：臺灣學生，民 78
12,413面；21公分--（中國民間信仰資料彙編第一輯；3）
ISBN 957-15-0017-8（精裝）：全套新臺幣 20,000 元

I （明）無名氏撰　II 中國民間信仰資料彙編第1輯；3
272.08/8494 V. 3

中國民間信仰資料彙編　第一輯

王秋桂　李豐楙　主編

新刻出像增補搜神記大全（全一冊）

編輯者：明・無名氏
出版者：臺灣學生書局
發行人：丁文治
發行所：臺灣學生書局
臺北市和平東路一段一九八號
郵政劃撥帳號〇〇〇二四六六八號
電話：三六三四一五六
本書局登記證字號：行政院新聞局局版臺業字第一一〇〇號
印刷所：明國印製有限公司
地址：台北市桂林路二四二巷五七號
電話：三〇八九八二〇
香港總經銷：藝文圖書公司
地址：九龍又一村達之路三十號地下後座
電話：三一八〇五八〇七

中華民國七十八年十一月景印初版

27203-3

ISBN 957-15-0017-8（套）